David Summe

Versuch einer Ethik der Aufnahme

Ethische Reflexionen zur Aufnahme von Geflüchteten in Deutschland und der EU

Studien und Materialien zur praktischen Philosophie
Studies and Materials on Practical Philosophy

Band 6

Herausgegeben von
Professor Dr. mult. Nikolaus Knoepffler
und Dipl.-Jur. Sebastian C. Dewaldt

Versuch einer Ethik der Aufnahme

Ethische Reflexionen zur Aufnahme von Geflüchteten in Deutschland und der EU

von

David Summe

SOCIETAS 2016

Bibliographische Information der Deutschen Nationalbibliothek

Die Deutsche Nationalbibliothek verzeichnet diese Publikation in der deutschen Nationalbibliographie; detaillierte bibliographische Daten sind im Internet über <http://dnb.ddb.de> abrufbar.

Societas Verlagsgesellschaft
UG (haftungsbeschränkt) & Co. KG
Jena / Bad Frankenhausen, 2016

ISBN 978-3-944420-37-0

www.societas-verlag.de

Für Martin

Vorwort

Dieses Vorwort ist wichtig. Der folgende Text ist nämlich erstens mit einem bestimmten zeitlichen Hintergrund und zweitens einem bestimmten Ziel entstanden.

Ich habe diesen Text als Masterarbeit für den Master Angewandte Ethik an der Friedrich Schiller Universität Jena verfasst zu einer Zeit, in der das behandelte Thema kaum mehr Relevanz haben könnte. Dies wird in den kommenden Jahren wohl so bleiben. Im Zeitraum des Schreibens – Juni bis Mitte August 2015 – gab es Flucht über das Mittelmeer nach Europa, insbesondere nach Griechenland und Italien, schon seit Jahren[1], jedoch nahm gerade in diesem Zeitraum die Anzahl der Ankömmlinge in Deutschland enorm zu bis hin zu den inspirierenden Ereignissen in München Anfang September. Heute wird von Schätzungen gesprochen, nach denen dieses Jahr 1.000.000-1.500.000 Geflüchtete[2] in Deutschland ankommen werden. Nach Anerkennungsquote und Abschiebungen auf der einen und Familiennachzug auf der anderen Seite, werden es wohl nicht weniger sein, die unter Umständen dauerhaft in Deutschland leben werden. Diese Zahl muss vor dem Hintergrund der Berechnungen, die ich – freilich ohne Kenntnis dieser – in 3.3.3 angestellt habe, genannt werden. Und wenn diese Berechnungen trotz ihrer Amateurhaftigkeit ein halbwegs belastbares Kriterium darstellen, dann muss man schließen, dass mittlerweile eine adäquate Anzahl von Aufnahmen erreicht ist. Soll meinen: Eine, die dem Ausmaß des Problems der Geflüchteten weltweit angemessen ist. Während die Zahlen, während ich die Masterarbeit verfasste, also noch sehr hoch erschienen, ist man heute mit dem Problem sozusagen auf Augenhöhe. Das ist gut.

[1] Schon im Jahr 2011 hat Griechenland einen Graben an der Grenze zur Türkei errichten lassen, auch mit dem Ergebnis, dass Immigration schwerer wurde. Schon in diesem Jahr gab es in Griechenland eine enorme Zahl (etwa 500.000) von Geflüchteten.

[2] Mitte August wurde noch immer an der Zahl 450.000 festgehalten, siehe 2.2.

Desweiteren verändert sich momentan die Lage sehr schnell, weshalb das hier angemerkte bereits in ein paar Monaten überholt sein mag, die ethische Position, die hier im Folgenden entwickelt wird, hat – so hoffe ich – ein längeres Haltbarkeitsdatum.

Zweitens muss ich über das Ziel des Textes sprechen. Er gibt eine ethische Position wieder, die nicht deckungsgleich mit meiner persönlichen Auffassung ist. Während ich intuitiv durchaus für solche Position, die auf eine globale Freizügigkeit für alle abzielen und die man daher wohl postnational nennen kann, Sympathie empfinde, arbeitet der Text hingegen von der anderen Richtung aus. Er versucht sozusagen, den Nationalismus – erst einmal verstanden als der Anspruch einer Gruppe von Menschen, ihr eigenes Schicksal unter Ausschluss anderer zu bestimmen – unter Wahrung universeller Werte, insbesondere der Menschenwürde, zu retten. Er fragt also nach der Vereinbarkeit von beidem mit dem Ziel zu zeigen, dass, wenn man die Menschenwürde nicht aufgeben möchte, es nicht unbedingt notwendig ist, Nationalstaaten[3] aufzugeben. Vielmehr lassen sie sich erhalten, allerdings unter Bedingungen, die denjenigen Menschen, die sich selbst als Nationalisten betiteln würden, nicht gerade naheliegend erscheinen werden.

An der FSU Jena wurde die Arbeit durch Prof. Dr. mult. Nikolaus Knoepffler und Martin O'Malley, PhD vom Ethikzentrum Jena betreut, denen ich insbesondere für ihr Feedback zu Dank verpflichtet bin. Ihre Anmerkungen waren jedoch zu weitgehend, als dass sie noch hätten eingearbeitet werden können. Dazu zählt insbesondere der Hinweis, dass die Beschränkung von Zuwanderung, die ich in 2.2 einführe, in ihrer Gestalt sehr unkonkret bleibt. Auch hat Herr Knoepffler darauf verwiesen, dass nicht nur Pflichten der aufnehmenden Gemeinschaft, sondern auch die komplementären Pflichten des Aufgenommenen hätten benannt werden sollen. Bei beiden Punkten wäre tatsächlich noch einiges zu tun. Zuletzt würden die Ausführungen im dritten Teil zu Herrn O'Malleys Value Ethics diesem Ansatz nicht in Gänze gerecht. In der Tat ist der dritte Teil insgesamt der am wenigstens ausgereifte. Dieser Text stellt auch als Ganzes mithin kein bis zum Schluss ausgereiftes Konzept dar, sondern ist ein Versuch eine Position zu erschließen, von der aus weiter ins Detail gearbeitet werden müsste.

Erfurt, im Dezember 2015 *David Summe*

[3] Hier explizit nicht im etymologischen Sinne (natio) verstanden, sondern erst einmal nur als einzelne Staaten.

Inhaltsverzeichnis

„Es gibt nur ein einziges Menschenrecht."
Hannah Arendt in der Zeitschrift „Die Wandlung", 1949

Einleitung – Luan und Khalid

Luan[1] wohnte in einem kleinen Ort im Nordosten Albaniens. Er hatte dort, wie er sagt, nichts, keine Arbeit und kein Haus, lediglich zwei Kühe. Die hat er jedoch verkauft, bevor er sich mit seiner Frau und seinen zwei Kindern auf den Weg in die Bundesrepublik Deutschland gemacht hat. Eines seiner Kinder leidet an Epilepsie. Zwar wird es in Albanien mit Medikamenten versorgt, dennoch hat er sich wegen dieses Umstands und wegen der offenbar miserablen Lebenssituation seiner Familie entschlossen, Asyl zu beantragen.

Khalid kommt aus Syrien. Nachdem er dort an Demonstrationen teilgenommen hatte und in die Armee eingezogen werden sollte, ist er in den Libanon geflohen. Jedoch ist er mit Hilfe von Bestechung zurückgekehrt, um sein Studium der Tiermedizin abzuschließen. Dabei wurde er verhaftet und in der Haft gefoltert. Er hat sich dann über die Türkei von Schleusern auf einem Schlauchboot auf eine griechische Insel bringen lassen, konnte von dort weiter zu Fuß über die Grenze nach Mazedonien und ist schließlich über Serbien, Ungarn und Österreich nach München gelangt. Auch Khalid möchte Antrag auf Asyl stellen.

Beide suchen also eine zumindest vorübergehende Bleibe, weil sie beide aus guten Gründen zu dem Schluss gekommen sind, dass ihr Leben in Albanien und in Syrien unter den Bedingungen ihrer Flucht für sie nicht mehr auszuhalten ist. Sie sind Geflüchtete[2], Asylsuchende, vielleicht gar Heimatsuchende. Sie stellen Deutschland durch ihr Asylbegehren die Frage, ob es bereit ist, sie – zumindest vorübergehend – aufzunehmen. Das Asylverfahren, in das sich beide hineinbegeben, stellt dabei ‚nur' das konkrete rechtliche Verfahren dar, in dem hierüber auf Grundlage der momentan geltenden Aufnahmekriterien entschieden wird – im Sinne einer Entscheidung über einige bestimmte

[1] Die beiden im Folgenden beschriebenen Fälle (Luan und Khalid) beruhen auf einem Bericht von Jan Bielicki über einen Entscheider beim Bundesamt für Migration und Flüchtlinge (BAMF), Süddeutsche Zeitung, 27./28. Juni 2015, Nr. 145, S. 6. Die Namen sind frei gewählt. In dem Bericht sind keine Namen genannt.

[2] Ich nutze hier Geflüchtete als Bezeichnung für Menschen, die aus ihren Heimatländern fliehen, während der Begriff Flüchtling für den rechtlichen Flüchtlingsstatus nach Genfer Konvention (siehe 3.2.1) reserviert ist.

Aufenthaltsstatûs in der BRD. Dieses Verfahren stellt aber freilich eine Antwort auf die zugrundeliegende ethische Frage dar, welche Menschen eine Gemeinschaft wie die BRD aufnehmen sollte und welchen gegenüber sie u. U. zu einer Ablehnung berechtigt ist. Ethisch gesehen spricht man damit über „Zugehörigkeitsgerechtigkeit“ (Benhabib 2008: 15).

Der Titel dieser Arbeit verspricht den Versuch einer Ethik der Aufnahme. Damit ist aber in dem weiten Feld der Debatte um Ethik und Migration tatsächlich schon Einiges gesagt. Während „Versuch“ offenbar eine Vorsichtsmaßnahme ist, sich in diesem heiklen Thema nicht zu weit aus dem Fenster zu lehnen, und Ethik auf einen Handlungsleitfaden für Menschen und andere vom Menschen geschaffene handlungsfähige Instanzen verweist, steckt – zumindest im Hinblick auf die hier relevante Debatte – der größte Voraussetzungsreichtum in dem Begriff der Aufnahme. Denn einerseits braucht es zu einer Aufnahme jemanden oder etwas, der oder das aufgenommen wird. Andererseits ist eine Aufnahme nur möglich, wenn es etwas gibt, in das das Aufzunehmende aufgenommen werden kann. Im hiesigen Kontext ist Ersteres ein besonderer Mensch, der Geflüchtete, dessen Name ja schon auf eine Bewegung in etwas hinein verweist, und Zweiteres eine besondere Gruppe von Menschen, eine Gemeinschaft. Dass es sich um eine Gemeinschaft handeln muss, und nicht nur um eine bloße Ansammlung von Menschen, rührt schon allein daher, dass eine Aufnahme in eine Ansammlung von Menschen kaum Sinn machen würde. Es wäre vielmehr ein bloßes Dazustellen. Daran hat der Geflüchtete auch gar kein Interesse. Er will nicht bloß da sein, er möchte in der Tat dazugehören – zumindest in einem gewissen noch zu erörternden Sinne.

Hat man sich nun aber entschlossen das Thema so zu fassen, dann wird dadurch schon einer Reihe von Positionen innerhalb der Diskussion um Ethik und Migration eine Absage erteilt. Einerseits können solche Positionen keine Ethik der Aufnahme sein, die meinen, dass Gemeinschaften ein ausschließliches Recht zukommt, zu entscheiden, wer zu ihnen dazugehört und wer nicht. Damit wäre zwar eine Aufnahme möglich, es müsste aber eher von einer Willkür der Aufnahme, denn von einer Ethik gesprochen werden, da so die Entscheidung über Aufnahmen ganz allein der Gemeinschaft zukäme. Eine Ethik der Aufnahme möchte einer Gemeinschaft aber im ethischen Sinne vorschreiben, wen sie aufnehmen sollte und u. U. auch wen nicht. Auf der anderen Seite erkennt eine Ethik der Aufnahme aber auch besondere Qualitäten einer Gemeinschaft an und muss daher solche Ansätze ausschließen, die eine völliges Recht auf Freizügigkeit fordern und damit die Gemeinschaft bezüglich der Bestimmung über Zugehörigkeit völlig entmachten. Eine solche Position droht nicht nur die Realität politischer Gemeinschaften, sondern auch ihren Wert zu verkennen.

Eine Ethik der Aufnahme sieht also zweierlei Dinge als wertvoll und schützenswert an, nämlich sowohl den *Migranten als Mensch und als Migrant*, als auch die aufnehmende *Gemeinschaft als Ausdruck des gemeinsamen Handelns der Mitglieder und als Bewahrer der Rechte ihrer Mitglieder*. Damit versucht sie neben dieser ethischen Wertung auch im Sinne einer ‚Angewandten Ethik' eben anwendbar zu sein. Denn wie noch zu zeigen sein wird, ist heute weder eine Ethik umsetzbar, die nur auf mögliche Privilegien einer Gemeinschaft schaut, noch eine Ethik, die allein den Wert des Menschen in den Mittelpunkt stellt und dabei den Wert menschlicher Assoziation vernachlässigt. Erstere umzusetzen, mag in der Vergangenheit gerade in Europa durchaus beliebt gewesen sein, Zweitere – etwa im Sinne eines Weltbürgertums bzw. Kosmopolitismus verstanden – mag ein Modell der zumindest nicht unmittelbaren Zukunft sein.[3]

Damit ist zum einen die grobe inhaltliche Richtung vorgegeben. Zum anderen ist aber auch gesagt, warum sich diese Arbeit aus dem weiteren Feld der Migration im Wesentlichen mit Geflüchteten beschäftigt. Denn solche Fälle von Migration, in denen es keinen Widerspruch zwischen dem Wert des Migranten und dem Wert der Gemeinschaft gibt, sind ethisch deutlich unproblematischer als solche, in denen ein Widerspruch besteht. Sind sich also beide Seiten über eine Einwanderung und deren Konditionen einigermaßen einig, bliebe höchstens zu fragen, inwieweit Dritte – etwa eine Gemeinschaft die der Migrant verlässt – dadurch ethisch relevante Nachteile erleiden. Der Akt der Auf-

---

[3]Damit möchte ich insbesondere nicht aussagen, dass diese Vorstellung eines Weltbürgertums etwas ist, das ich ablehne. Ich halte es in der Tat für eine sehr attraktive Idee. Es geht mir hier vielmehr darum, bewusst eine die Gemeinschaft und damit tendenziell Einwanderungsbeschränkungen befürwortende Position so weit zu verteidigen, wie es mir vor dem Hintergrund von Konzepten, die den universell-egalitären Wert des Menschen bejahen, möglich erscheint. Durch diese Vorgehensweise scheinen mir die Chancen einen praktikablen Vorschlag vorzulegen deutlich erhöht. Trotz einiger Entwicklungen, die von manchen als Tendenz zur Auflösung des Nationalstaates (Regionalisierung (im Sinne der EU, ASEAN, AU, Arabische Liga etc.), Vereinte Nationen, Bedeutung der Städte für die globale Ökonomie) interpretiert werden (etwa Benhabib 2009), sehe ich aus im Laufe der Arbeit (2.2) darzulegenden Gründen die vorherrschende Stellung des souveränen Staates immer noch gegeben.

nahme selbst stellt sich als tendenziell unproblematisch dar. Nur dann, wenn ein Dissens zwischen Migrant und Gemeinschaft besteht, entfaltet die Werthaftigkeit beider Seiten ihre Relevanz. Uneinigkeit besteht bezüglich der hier betrachteten Gemeinschaften – die Bundesrepublik Deutschland und die Europäische Union – offenbar insbesondere mit den zahlreichen Menschen, die durch die Sahara und über das Mittelmeer vor allem nach Italien und Malta sowie in die spanischen Exklaven Ceuta und Melilla, durch die Ägäis und von der Türkei nach Griechenland und über den Balkan insbesondere nach Ungarn in die EU streben. Zwar machen sich auch Geflüchtete in gewissem Sinne aus ihrer eigenen freien Entscheidung heraus auf den Weg, doch wird immer eine bedeutsame Notlage hinter ihrer Bewegung stecken. Sonst ließe sich die Inkaufnahme des Risikos der Reise gar nicht erklären. Diese Notlage und ihre ethische Bedeutung zu erfassen stellt sozusagen das Telos dieses Textes dar.

Im ersten Teil wird zunächst versucht, das Problem möglichst genau zu erfassen (1.). Zuerst ist der Wert des Menschen (1.1) sowie der Wert der Gemeinschaft in Form einer ethischen Weltgemeinschaft (1.2) und in Form von konkreten Gemeinschaften (1.3), wie sie in Form von Staaten vorzufinden sind, in ihrem Verhältnis zueinander zu untersuchen. Nachdem festgestellt wurde, dass Rechte für alle Menschen und die Existenz von konkreten Gemeinschaften in Form von Staaten sich nicht reibungslos miteinander in Einklang bringen lassen, ist aus einer Machtperspektive heraus zu fragen, wie konkrete Gemeinschaften von ihrer staatstheoretischen Grundlage die Umsetzung von Menschenrechten für alle torpedieren (1.4). In der Tat wird sich zeigen, dass es sich bezüglich der Durchsetzung von Menschenrechten um ein unlösbares Problem handelt (1.5). Aus ethischer Perspektive ist dann aber wieder zu fragen, wie eine Lösung zunächst unabhängig von diesem Problem aussehen kann (1.6).

Im zweiten Teil wird dann versucht eine solche Lösung in einer Ethik der Aufnahme auszuformulieren (2.). Zu sprechen ist erstens über den moralischen Anspruch auf Zugehörigkeit zu einer Gemeinschaft (2.1), zweitens über die Einschränkung dieses Anspruchs durch die Restriktion der öffentlichen Ordnung (2.2), und drittens in logischer Folge über Möglichkeiten einer Auswahl unter Immigrationsinteressierten im Hinblick auf die Kriterien Not, Nähe und Nutzen (2.3). Das Ergebnis wird wohl sowohl jemanden, der für die Aufnahme aller Geflüchteten eintritt, als auch jemanden, der überzeugt ist, ein Staat habe das Recht frei zu entscheiden, wer zu ihm dazugehört und wer nicht, nicht zufriedenstellen (2.4).

Der dritte Teil betrachtet die Umsetzung des soweit entwickelten ethischen Anspruchs (3.). Zunächst wird ein möglicher Rahmen für die Umsetzung eruiert (3.1), dann wird das zur Diskussion stehende geltende Aufnahmesystem der EU und der BRD betrachtet (3.2) und zuletzt nach guten Gründen für die Umsetzung einer Aufnahmepolitik, die sich an die Ethik der Aufnahme anlehnt, gesucht (3.3).

1. Teil Das Problem erfassen

Zunächst ist das hier zu behandelnde Problem der Migration also möglichst genau zu erfassen. Dabei sind, wie oben gesehen, nur solche Fälle ethisch hochgradig problematisch, in denen sich Migrant und Gemeinschaft über die Frage der Aufnahme uneins sind. Von dem hiesigen Ansatz aus gesehen, der einerseits die Rolle des Migranten und andererseits die Rolle der Gemeinschaft ethisch würdigen möchte, geht es im Sinne eines ersten Zugangs zunächst um das Verhältnis von Menschenwürde und Menschenrechten und der Selbstbestimmung von souveränen Gemeinschaften (Rethmann 2010: 127). Für Seyla Benhabib stehen diese beiden Prinzipien zueinander im Widerspruch, was sich an dem Phänomen transnationaler Migration zeige. Mögliche Extreme, um diesen Widerspruch zu lösen, seien entweder die Affirmation des Nationalstaates auf der einen Seite und auf der anderen eben dessen Ende und ein Übergang in ein Weltbürgertum (Benhabib 2008: 14). Mit Michael Walzer, der für seine Position direkt bei der Frage der Zugehörigkeit zu Gemeinschaften ansetzt, könnte man auch von einer Welt ganz ohne Mitgliedschaft (‚Libertarianismus'), oder einer Welt mit Mitgliedschaft für alle (‚Weltsozialismus') sprechen (Walzer 2006: 69). Solchen Extremen wurde eingangs bereits eine Absage erteilt. Daher ist zunächst zu schauen, ob das Verhältnis zwischen Rechten des Einzelnen und der Gemeinschaft nicht doch irgendwie zu versöhnen ist. Dazu sind eine Reihe sehr großer Themen anzusprechen, weshalb sich in ihrer Diskussion deutlich beschränkt werden muss. Dies kann nur gelingen, wenn jedes Element möglichst konsequent auf das nächste hin bestimmt wird.

1.1 Der Wert des Menschen

Das erste Element ist bezüglich seiner ethischen Werthaftigkeit kaum zu verkennen. Menschenwürde und Menschenrechte sind Ausgangpunkt und Zentrum zahlreicher universeller Ethiken. Da Menschenwürde und Menschenrechte in der ethischen Debatte geradezu allgegenwärtig sind, ist durch ihre Nennung aber eigentlich noch nicht allzu viel gesagt, denn der konkrete Gehalt der Begriffe mag durchaus sehr unterschiedlich gefasst werden.

Menschenrechte als Katalog

Die Standardansicht der Menschenrechte ist wohl ihr Verständnis als Katalog von Rechten wie etwa in der *Allgemeinen Erklärung der Menschenrechte (AEMR)*. Dies hilft jedoch kaum weiter, wenn es um die Aufnahme von Migranten in eine Gemeinschaft geht. Die Frage, welche Rechte ihnen nach der Aufnahme in der neuen Gemeinschaft zustehen, ist hier nur am Rande von Interesse.[4] Zweitens stellt auch die Aussage über den Ursprung der Rechte in der AEMR ein Problem dar. Wenn „alle Menschen [...] frei und gleich an Würde und Rechten geboren“ sind (Art. 1 AEMR), dann kommen ihnen diese Rechte eben schon qua Geburt zu und hängen in keiner Weise von irgendwelchen weiteren Gegebenheiten wie etwa dem Kontakt zu anderen Menschen in einer Gemeinschaft ab. Zwar ist der argumentative Vorteil dieses Ursprungs – nämlich ihre Unverlierbarkeit – evident, doch dient dann das Zusammenleben von Menschen nur noch der Umsetzung dieser Rechte. Zur Werthaftigkeit einer Gemeinschaft ließe sich dann – außer bezüglich eines Mittel-Zweck-Verhältnisses – nichts mehr sagen. Soweit die Gemeinschaft also der Umsetzung von Menschenrechten dient, ist sie zu erhalten, soweit sie dem entgegensteht, ist sie abzuschaffen. Der Eremit mag menschenrechtlich besser gestellt sein als der einem autoritären Staat Unterworfene. Dies ist aber offensichtlich Unsinn, da der Eremit, um menschenrechtlich überhaupt irgendwie gestellt zu sein, ein Gegenüber für seine ‚Rechte‘ braucht.

[4]Das rührt allein schon daher, dass die Menschenrechte als Katalog ja auch die rechtliche Praxis in den jeweiligen Gemeinschaften kritisieren, es hier aber genau darum nicht geht, sondern nur darum, die Aufnahmepraxis der jeweiligen Gemeinschaften zu kritisieren.

Menschenwürde als Menschheitserfahrung

Ein solches Verständnis erhält man auch nur, wenn man denn Text des Art. 1 AEMR im Sinne einer Theorie der Menschenrechte zu ernst nimmt. Fasst man hingegen mit *Nikolaus Knoepffler* und *Martin O'Malley* die Allgemeine *Erklärung* der Menschenrechte als einen performativen Akt der Anerkennung, wird schnell klar, dass ein solcher Akt ohne eine anerkennende Gemeinschaft keinen Sinn ergibt. Knoepffler und O'Malley verstehen dabei die Annahme der AEMR durch die Generalversammlung der Vereinten Nationen als einen Akt kollektiver, globaler Anerkennung des Prinzips der Menschenwürde und der Menschenrechte (Knoepffler 2010: 71-72, O'Malley 2011: 81). Beide seien in diesem Sinne weder reine Konstruktion, noch entsprängen sie dem Naturrecht. Vielmehr seien sie aus einer Menschheitserfahrung entstanden, durch die sich ein moralischer Konsens gebildet habe, der nun Ausdruck in der AEMR fände. Sie seien als solche eine Innovation, die zwar erst mit ihrer Anerkennung in die Welt gekommen, jedoch gleichzeitig ab ihrer Geburt für alle Beteiligten unmittelbar evident sei (Knoepffler 2010: 73, O'Malley 2011: 81). Die der Anerkennung zugrundeliegende Menschheitserfahrung sei der Zweite Weltkrieg und insbesondere das Vorgehen Nazi-Deutschlands. Diesem Vorgehen habe das Prinzip zugrunde gelegen, dass der Einzelne zugunsten des Volkes geopfert werden kann. Hiergegen richte sich die Menschenwürde, indem sie festlegt, dass allen Menschen eine grundsätzliche Subjektstellung und eine grundsätzliche Gleichheit zukäme. Der Mensch dürfe also nicht zu anderen Zwecken geopfert werden und in ethischen Fragen dürfen keine kategorischen Unterschiede im Sinne von Rassen, aber auch Religionen, Hautfarben, sexuellen Ausrichtungen oder Geschlechtern gemacht werden (Knoepffler 2010: 65-66). Menschenwürde sei also ein radikal egalitäres Prinzip, dass alle Menschen allein aufgrund ihres Mensch-Seins umfasst und keine Ausnahmen zulässt (O'Malley 2011: 89). Der Vorteil eines so in den Akt der Anerkennung gelegten Ursprungs sei, dass keine weitergehende metaphysische Begründung benötigt und das anerkannte ethische Prinzip mit zahlreichen Weltanschauungen kompatibel gemacht werde (O'Malley 2011: 81). Gleichzeitig bemühen sich Knoepffler und O'Malley darum, durch den Verweis auf den globalen Akt der Anerkennung durch die Generalversammlung die Verbindlichkeit von Menschenwürde und Menschenrechten zu erhalten.

Problematisch für die hiesige Zielrichtung bleibt, dass Knoepffler und O'Malley tendenziell einem katalogartigen Verständnis von Menschenrechten verhaftet bleiben. O'Malley macht zwar deutlich, dass sich einzelne Menschenrechte nicht im Sinne einer Deduktion aus der Menschenwürde ergeben, jedoch bleibt die Menschenwürde für einzelne Menschenrechte bedeutsam (O'Malley 2011: 83-84). Knoepffler spricht von einer Ausdifferenzierung in die Werte Leben, Freiheit, Gerechtigkeit und Frieden (Knoepffler 2010: 72). Während diese Werte freilich grundsätzlich zu bejahen sind, ist damit aber noch nichts über die hier relevante Frage der Aufnahme gesagt, die, wie sich zeigen wird, den Kern der hier vertretenen Menschenwürdekonzeption darstellt. Interessanter ist die Verbindung zur Gemeinschaft, die die beiden herstellen. Der Ursprung der Anerkennung der Würde aller Menschen ist nur dann sinnvoll, wenn es eine *gemeinsame* Anerkennung dieser Würde ist. Nicht ein Mensch oder eine Gruppe von Menschen, sondern vom Prinzip her alle Menschen müssen die Menschenwürde anerkennen, um diesem Prinzip eine forthin unbedingte Verbindlichkeit zuzuweisen. Dieser Zustand ist durch die Anerkennung durch die Generalversammlung zumindest annäherungsweise erreicht. Daher spricht Knoepffler auch konsequenterweise bezüglich der Menschenwürde von einem „Fundament einer neuen Welt*gesellschaft*" (Knoepffler 2010: 71).

Menschenwürde als Resultat des Wunsches, handlungsfähig zu sein

Auf eine andere Verbindung von Menschenwürde und Menschenrechten und Gemeinschaft verweist die analytische Begründung der Menschenrechte von *Alan Gewirth.* Gewirth verortet die Gemeinsamkeit aller ethischen Ansätze in dem Element des Handelns und baut daher seine Begründung von Menschenrechten auf dem menschlichen Wunsch auf, seine Fähigkeit, im Hinblick auf ein von ihm angestrebtes Gutes zu handeln, nutzen zu können, also handlungsfähig zu sein (Gewirth 1998: 94). Um handlungsfähig zu sein, benötige der Mensch ein gewisses Mindestmaß an Freiheit und Wohlergehen (freedom and well-being)[5]. Um sich dies zu sichern, müsse er für sich selbst gegenüber anderen ein Recht auf Freiheit und Wohlergehen beanspruchen. Das sei allerdings nur dann widerspruchsfrei möglich, wenn er allen anderen Menschen, die ja auch ihre Handlungsfähigkeit sichern wollen, ebenfalls ein solches Recht zu-

[5] Knoepffler entwickelt in Anlehnung an Gewirth ein ähnliches Argument im Hinblick auf die Menschenwürde. Bezüglich des so begründeten Rechts spricht er von „allgemein notwendigen Bedingungen für Handlungen in einem gehaltvollen Sinn" (Knoepffler 2010: 75).

gestehe. Denn gesteht er nicht auch allen anderen handlungsfähigen Menschen ein Recht auf die grundlegenden Voraussetzungen des Handelns zu, untergräbt er gleichzeitig sein eigenes Recht auf eben diese Voraussetzungen, das ihm ja allein aufgrund seiner Handlungsfähigkeit zukommt. Ebenso würde sein Recht untergraben, wenn das genannte Recht nur aufgrund anderer Kriterien als Handlungsfähigkeit verteilt würde, etwa Hautfarbe, Rasse etc. (Gewirth 1998: 96-98). Grundlegende Menschenrechte – Freiheit und Wohlergehen – ergeben sich nur aus der menschlichen Handlungsfähigkeit, nicht aus irgendeinem anderen Grund wie etwa der Hautfarbe, die zu den Menschenrechten in keinerlei Bezug steht. Mithin begründet Gewirth grundlegende Rechte für alle Handlungsfähigen, wozu grundsätzlich alle Menschen – marginal cases[6] seien hier außer Betracht – gehören, auf ein Mindestmaß an Freiheit und Wohlergehen (vgl. auch Gewirth 1996: 16-20). Sein Argument ist ein analytisches, das letztlich auf ein wohlverstandenes Eigeninteresse des Einzelnen baut. Es wäre schlicht nicht logisch, wenn ein Prädikat (grundlegende Rechte), das einem Subjekt (Mensch) zukommt aufgrund einer Qualität des Subjekts (Handlungsfähigkeit), nicht auch allen anderen Subjekten mit dieser Qualität zukäme.

Der Vorteil von Gewirths Argumentation ist ebenso wie bei Knoepffler und O'Malley derjenige, dass die Argumente recht voraussetzungsarm sind, also nicht etwa eine anspruchsvolle Metaphysik voraussetzen, und so für ein breiteres Publikum zugänglich sind. Und sogar noch direkter als Koepffler und O'Malley verweist Gewirths Argument auf die Gemeinschaft. Denn wenn ein Menschenrecht nur dann sinnvoll beansprucht werden kann, wenn dieses Recht allen anderen Menschen zugestanden wird, dann schließt die Beanspruchung dieses Rechts stets den Einbezug aller Menschen mit ein. In der Tat bietet Gewirth hierüber hinausgehend ein Konzept an, in dem sich Rechte des Einzelnen und Gemeinschaft miteinander in Einklang bringen lassen.

[6] Also solche Menschen, bei denen man u. U. nicht von Handlungsfähigkeit sprechen kann, die aber dennoch offensichtlich Menschen sind.

1.2 Der Wert der Gemeinschaft als Weltgemeinschaft

Die Weltgemeinschaft als Gemeinschaft gegenseitiger Ansprüche

Gewirth lehnt eine „adversarial conception“ von Rechten und Gemeinschaft ab, nach der einerseits für Individuen, die einer harmonischen Gemeinschaft leben, keine Rechte notwendig sind und andererseits Rechte in so einer Konzeption dann egoistisch und der Moral der Gemeinschaft entgegengesetzt erscheinen (Gewirth 1996: 2). Entgegen diesem Konzept möchte Gewirth begründen, dass Rechte des Einzelnen und der Gemeinschaft sich nicht gegenseitig ausschließen, sondern in einer Beziehung gegenseitiger Unterstützung zu einander stehen (Gewirth 1996: 1). Die durch Gewirth begründeten Menschenrechte seien als Ansprüche des Einzelnen für sich selbst nicht denkbar, sondern würden nur als Ansprüche gegen alle anderen Sinn ergeben. Jeder habe ein Recht als Anspruch für sich selbst und gleichzeitig eine Verpflichtung gegen jeden Anderen. Mithin teilen alle sowohl die Vorteile ihres Rechts als auch die gemeinsamen Verpflichtungen. Dies sei ein Modell, das nicht auf ein Prinzip des Eigeninteresses, sondern vielmehr auf gegenseitige Solidarität aufbaue. Erkennt man diese Gegenseitigkeit (mutuality) der Menschenrechte so an, werde aus einer Ansammlung von Menschen, in der jeder auf sein eigenes Recht beharrt, eine Gemeinschaft von Menschen, die gemeinsam Rechte umsetzen (Gewirth 1996: 6). Gegenseitigkeit meint dabei ein Verhältnis, in dem sich die Beteiligten gegenseitig ein bestimmtes Gut zur Verfügung stellen. Im Unterschied zu Reziprozität, bei der eine Vorleistung notwendig sei, um etwas zu bekommen, sei es bei der Gegenseitigkeit so, dass all Beteiligten gegeneinander ein Recht auf Hilfeleistung haben. Dabei sei es durchaus möglich, dass, wenn jemand deutlich besser gestellt wäre als jemand anderes, trotz des gegenseitigen Rechts nur der besser Gestellte dem schlechter Gestellten etwas geben müsse (Gewirth 1996: 75-76). Menschenrechte hingen als universelle Werte daher nicht von einer Vorleistung ab. Gegenseitigkeit besteht für Gewirth aber nicht nur zwischen Mitgliedern der Gemeinschaft, sondern auch zwischen Gemeinschaft und Mitglied. Die Gemeinschaft unterstütze seine Mitglieder bei ihren Menschenrechten, während die Mitglieder der Gemeinschaft bei ihrer Aufgabe helfen andere Mitglieder zu unterstützen (Gewirth 1996: 83). „Thus, just as human rights, through their mutuality, entail community, so community, in order to be morally justified, requires human rights. The relation of rights and community, then, is one of mutual support" (Gewirth 1996: 87).

Wenn man dieser Argumentation folgt, dann sind zwar Rechte und Gemeinschaft miteinander versöhnt, jedoch ist genau darauf zu achten, um was für eine Gemeinschaft es sich handelt. Die Gegenseitigkeit der Menschenrechte folgt für Gewirth logisch zwingend. „Because other persons have human rights against you [...], it necessarily follows that you have correlative duties to them" (Gewirth 1996: 77). Wenn das aber so ist, dann betrifft dieses Gegenseitigkeitsverhältnis grundsätzlich alle Menschen. Mithin befindet sich die gesamte Menschheit in einer solchen Gemeinschaft, einer Weltgemeinschaft. „By this mutuality, all persons are directly members of the community or rights" (Gewirth 1996: 77). Wenn Gewirth aber im selben Satz fortfährt, "and the state through its taxing and other powers must embody it" (Gewirth 1996: 77), dann gerät er allerdings in einen Widerspruch. Einerseits ergibt sich aus seiner Begründung der Menschenrechte eine ethische Weltgemeinschaft, andererseits müsse ein Staat – also eine begrenzte Gemeinschaft, wenn es sich nicht um einen Weltstaat handeln sollte – diese verkörpern. In der Tat geht Gewirth von der Existenz mehrerer Staaten aus und spricht ihnen auch Zwangsgewalt zu. „The moral requirement that *governments enforce rights* and thereby enable all humans to have the necessary goods of action is a direct consequence of the mutuality of human rights" (eigene Hervorhebung; Gewirth 1996: 79). Gewirths Argument für Menschenrechte funktioniert jedoch grundsätzlich unabhängig von jeglichen Machtverteilungen.[7] Macht kommt nur an der Stelle ins Spiel, wenn es darum geht, dass mögliche Abweichler vom Kurs der ethischen Weltgemeinschaft abkommen könnten. So baut Gewirth bezüglich seines Menschenbildes zwar grundsätzlich auf ein „reasonable self", es sei jedoch so, dass – wie etwa das Gefangenendilemma zeige – es Abweichungen von dieser rationalen Haltung gäbe. Diese könnten zwar einerseits durch Bildung gemildert, müssten aber immer auch durch staatliche Gewalt eingefangen werden. „This is why it must be the state through its coercive laws, uniformly enforced, that is the primary respondent to the positive rights to welfare and other redistributive policies" (Gewirth 1996: 94). So verweist er auch darauf, dass „for reasons

[7] Selbst wenn eine Gruppe von Menschen die Macht hätte, nur sich selbst ein Recht auf Freiheit und Wohlergehen zu sichern und es allen anderen zu verweigern, würde das Argument immer noch dafür sprechen, den Zustand einer Weltgemeinschaft auf Grundlage der Menschenrechte herzustellen.

of pratical convenience of effectuation" die Universalität seines Arguments in der Praxis beschränkt und nur innerhalb von abgegrenzten Gemeinschaften realisiert werden könne, obwohl „in principle it applies internationally as well" (Gewirth 1996: 86). Diese Spannung löst Gewirth nicht auf. Während das Argument für eine ethische Weltgemeinschaft aus seiner Begründung der Menschenrechte überzeugt, unterlässt er es, dessen Verhältnis zu konkreten Gemeinschaften, die auf Macht und Abgrenzung gebaut sind, zu bestimmen. Insbesondere fehlt bei ihm jedweder Hinweis darauf, dass es Menschen geben könnte, die zwar zur Weltgemeinschaft, aber zu keiner konkreten Gemeinschaft gehören.

Die Gleichursprünglichkeit von Rechten des Einzelnen und der Gemeinschaft

Ebenso wie Gewirth gelangt auch *Jürgen Habermas* in seinem in Faktizität und Geltung dargelegten System der Rechte in ein solches Spannungsverhältnis zwischen Weltgemeinschaft und konkreter Gemeinschaft. Auch Habermas zielt auf eine Versöhnung von Rechten und Gemeinschaft, spricht hier jedoch von privater und öffentlicher Autonomie bzw. von einer „ungeschlichteten Konkurrenz" von Menschenrechten und Volkssouveränität (Habermas 1992: 111).[8] Der Lösung dieses Konkurrenzverhältnisses nähert sich Habermas zunächst in einer Betrachtung von Kant und Rousseau (Habermas 1992: 123). Beide hätten versucht, hier kein Konkurrenzverhältnis zu sehen, sondern Menschenrechte und Volkssouveränität sich wechselseitig interpretieren zu lassen (Habermas 1992: 130). Kant setze dabei eher einen liberalen Schwerpunkt. Für ihn stellten beide Prinzipien deshalb keinen Widerspruch dar, weil er davon ausgehe, dass ein vernünftiger Mensch in Ausübung seiner staatsbürgerlichen Autonomie gar keinen Gesetzen zustimmen *könne*, die nicht mit der privaten Autonomie im Einklang stehen (Habermas 1992: 131). Bei Rousseau hingegen, der eher einen republikanischen Ausgangspunkt wähle, seien beide Prinzipien stärker miteinander verschränkt. In den von den Staatsbürgern gebildeten gemeinsamen Willen – den volonté générale – könnten per se Gesetze, die nicht verallgemeinerungsfähig seien, nicht eingehen. Dadurch würden automatisch

[8] Habermas sieht etwa in der amerikanischen Debatte seiner Zeit eine Spannung zwischen einer liberalen Tradition, die Menschenrechte als Ausdruck moralischer Selbstbestimmung sieht und einer republikanischen Tradition, die Volkssouveränität als Ausdruck ethischer Selbstverwirklichung des Volkes versteht (Habermas 1992: 129).

allen die gleichen Freiheiten gesichert (Habermas 1992: 131-132). Damit wäre die Versöhnung von Rechten und Gemeinschaft auf der Ebene der gemeinsamen Gesetzgebung angesiedelt.

Habermas eigene Konzeption gründet sich jedoch auf die noch darunter liegende Ebene der Kommunikation zwischen Staatsbürgern. „Der gesuchte Zusammenhang zwischen Volkssouveränität und Menschenrechten liegt im normativen Gehalt eines *Modus der Ausübung politischer Autonomie*, der nicht schon durch die Form allgemeiner Gesetze, sondern erst durch die Kommunikationsform diskursiver Meinungs- und Willensbildung gesichert wird“ (Habermas 1992: 133). Die Menschenrechte gäben mithin genau die Rechte an, die zur Teilnahme an einem normbegründenden Diskurs notwendig sind, und in genau der Institutionalisierung dieser Rechte nehme die Souveränität des Volkes Gestalt an (Habermas 1992: 134-135).[9] Daher spricht Habermas von einer „Gleichursprünglichkeit von privater und öffentlicher Autonomie“ (Habermas 1992: 135). Habermas bezieht sich hier jedoch auf den Rahmen einer konkreten Gemeinschaft.

Nach dem Diskursprinzip sind für Habermas nur diejenigen Handlungsnormen, denen alle möglicherweise Betroffenen als Teilnehmer eines rationalen Diskurses zustimmen könnten, gültig. Geht es – in habermasscher Terminologie ausgedrückt[10] – bei der zur Debatte stehenden Handlungsnorm um eine moralische Fragestellung, bildet die Menschheit an sich das Bezugssystem, geht es um eine ethische Fragestellung, bildet das betroffene Gemeinwesen das Bezugssystem (Habermas 1992: 139). Wenn das so ist, dann ergibt sich aus dem Diskursprinzip aber auch direkt, dass in allen Angelegenheiten, die alle Menschen betreffen mögen, erneut – nur diesmal in Form eines notwendigen gemeinsamen Diskurses – ein ethisches Argument für eine Weltgemeinschaft zu Tage tritt. Konkrete, begrenzte Gemeinschaften sollten damit nur dann, wenn niemand außerhalb ihrer Grenzen von der Entscheidung betroffen ist, tatsächlich unabhängig von der Außenwelt

[9] Menschenrechte erstrecken sich für Habermas konsequenterweise also insbesondere auf kommunikative Freiheit, also „die im verständigungsorientierten Handeln wechselseitig vorausgesetzte Möglichkeit, zu den Äußerungen eines Gegenübers und zu den damit erhobenen, auf intersubjektive Anerkennung angewiesenen Geltungsansprüchen Stellung zu nehmen.“ (Habermas 1992: 152)

[10] Moral meint dann universelle Normen, Ethik mein partikulare Normen des Einzelnen oder einer Gemeischaft: „Anders als die ethischen Überlegungen, die am Telos je meines oder je unseres guten oder nicht-verfehlten Lebens orientiert sind, verlangen moralische Überlegungen eine von jeder Ego- bzw. Ethnozentrik gelöste Perspektive“ (Habermas 1992: 127).

entscheiden können. Fragen der Aufnahme in eine Gemeinschaft können damit nur von der Gemeinschaft, den Aufnahmeinteressierten und möglicherweise weiteren Betroffenen gemeinsam entschieden werden.

Erst bezüglich der Durchsetzung kommt Habermas wieder zur konkreten Gemeinschaft zurück. Im Sinne des Rechtsprinzips sei es unabdingbar, den Geltungsbereich von Normen zu begrenzen, da sonst das zur Durchsetzung notwendige Gewaltmonopol nicht etablierbar sei. „Die Einrichtung eines Rechtskodes verlangt daher Rechte, die die Zugehörigkeit zu einer bestimmten Assoziation von Rechtsgenossen regeln und somit die Differenzierung zwischen Mitgliedern und Nicht-Mitgliedern, Bürgern und Fremden erlaubt“ (Habermas 1992: 158). Im Unterschied zu Gewirth sieht Habermas jedoch das sich ergebende Problem bezüglich Menschen, die zu keiner Gemeinschaft gehören oder ihre Gemeinschaft wechseln wollen. Aus dem Diskursprinzip ergebe sich, dass es für Mitglieder einerseits einen Schutz vor ungewollter Ausbürgerung und andererseits ein Recht auf gewollte Ausbürgerung geben müsse, das das Gegenstück zu einer zumindest unterstellten Einwilligung in den Mitgliedschaftsstatus darstelle. Dieser Gedanke lässt sich, da er das Innere der Gemeinschaft betrifft, über das Rechtsprinzip regeln. Unklar bleibt jedoch, wie sich Habermas Feststellung, dass Immigration eine Regelung erfordere, die sowohl im Interesse von Mitgliedern als auch von Mitgliedschaftsinteressierten liege (Habermas 1992: 158), zum Rechtsprinzip verhält. Eine solche Frage transzendiert die konkrete, begrenzte Gemeinschaft und damit auch ihre innere Zwangsgewalt, die aber Habermas zur Durchsetzung von Normen notwendig erscheint.

Habermas ethische Weltgemeinschaft konstituiert sich also dadurch, dass richtige moralische Normen – also solche, die alle Menschen etwas angehen – nur in einem zumindest antizipierten Diskurs zwischen allen Menschen gefunden werden können. *Seyla Benhabib*, die Habermas Diskursethik im Wesentlichen übernimmt, kommt zu demselben Ergebnis. „Ihre [– also die der Diskursethik – DS] Grundvoraussetzung lautet, daß nur jene Normen und normativen institutionellen Vereinbarungen zulässig sind, denen alle Betroffenen im Rahmen bestimmter Argumentationssituationen, die man Diskurse nennt, zustimmen können“ (Benhabib 2008: 24). Im Hinblick auf die Problemstellung heißt das, dass nationale Grenzen keine Begrenzung des Diskurses vorgeben können, mithin der Staatsbürger stets auch gegenüber dem Nicht-Staatsbürger ihren Statusunterschied rechtfertigen können muss (Benhabib 2008: 25).[11]

Die Weltgemeinschaft hinter dem Schleier des Nichtwissens

Zuletzt zeigt sich eine ethische Weltgemeinschaft auch in solchen Ansätzen, die den rawlsschen Schleier des Nichtwissens nicht auf einer nationalen Ebene, wie Rawls selbst, sondern unter dem Hinweis darauf, dass auch Staatsangehörigkeit eine Zufälligkeit darstelle, die hinter dem Schleier des Nichtwissens nicht beachtet werden würde, auf einer globalen Ebene anwenden möchten (Tiedemann 2015: 163).[12] Bezüglich des Problems der Migration tritt hier *Joseph H. Carens* hervor. Ausgehend von einer solchen „globalen Auffassung des Urzustandes“ (Carens 2012: 30) hält Carens dann zwar grundsätzlich auch konkrete Gemeinschaften zur Erhaltung von sprachlichen und kulturellen Unterschieden für zulässig, doch damit sei nicht unbedingt ein Recht auf Ausschluss verbunden. „Bei der Erwägung möglicher Freiheitsbeschränkungen hinter dem „Schleier des Nichtwissens“ nimmt man die Perspektive der Person ein, die durch diese Beschränkungen am stärksten benachteiligt wäre, in diesem Fall die Perspektive einer einwanderungswilligen Ausländerin“ (Carens 2012: 31). Aus dieser Perspektive würde man auf ein Recht auf Einwanderung bestehen, da man ja selbst in diese Situation kommen könnte, also eine Einwanderung sich „für den eigenen Lebensplan als wesentlich herausstellen“ könnte (Carens 2012: 31-32). Dass auch hier von einer ethischen Weltgemeinschaft ausgegangen wird, die sich jetzt aber hinter dem Schleier des Nichtwissens befindet, zeigt sich freilich schon in der globalen Anwendung des rawlsschen Prinzips selbst. Doch zeigt sich gleichzeitig auch ganz ähnlich wie bei der Diskursethik, dass unter Einbezug aller Menschen gemeinsame Rechte bestimmt werden, sich also Rechte und Gemeinschaft auch hier ergänzen.

Es lässt sich bis hierher also festhalten, dass Gemeinschaft und Würde bzw. Rechte des Menschen sich – etwa über das Prinzip der Gegenseitigkeit von Rechten (Gewirth), die Figur der Gleichursprünglichkeit von Recht und Gemeinschaft (Habermas) oder in der Einigung auf be-

[11] Auch die Menschenrechte gründen sich für Benhabib auf dieses Prinzip. Sie sind diejenigen Rechte, die gewahrt werden müssen, damit ein Mensch an einem Diskurs teilnehmen kann, mithin geht es um die Sicherung der „kommunikative[n] Freiheit“ (Benhabib 2008: 132).

[12] Vgl. dazu auch Mona 2012: 150, grundlegend Pogge 1991.

stimmte Rechte hinter dem Schleier des Nichtwissens (Carens globale Anwendung von Rawls) – durchaus miteinander versöhnen lassen. Versöhnt sind sie dann aber nicht in irgendeiner Gemeinschaft, sondern in einer Gemeinschaft aller Menschen, einer Weltgemeinschaft. Eine solche existiert damit als ethisches Prinzip. In der Welt findet sich hingegen jedoch keine solche Weltgemeinschaft von Menschen in institutionalisierter Form, sondern vielmehr nur die Organisation der Vereinten Nationen, in der zahlreiche konkrete, begrenzte Gemeinschaften vertreten sind. Doch auch innerhalb von solchen konkreten Gemeinschaften lassen sich Würde und Rechte und Gemeinschaft bis zu einem gewissen Ausmaß miteinander in Einklang bringen.

1.3 Der Wert der Gemeinschaft als konkrete Gemeinschaft

Die konkrete Gemeinschaft als Ort menschlicher Autonomie

Auch *Martha Nussbaum* tritt für so etwas wie eine ethische Weltgemeinschaft ein, wenn sie sagt, dass die „Menschheit [...] unter einer kollektiven Verpflichtung [steht], Mittel und Wege des Zusammenlebens und der Kooperation zu finden, die allen Menschen ein achtbares Leben ermöglichen" (Nussbaum 2010: 385).[13] Jedoch erblickt sie in konkreten Gemeinschaften nicht nur ein Mittel zum Zweck, um ethische Prinzipien zu verwirklichen[14], sondern der Staat sei ein „zentraler Ort für die Ausübung der Freiheit der Menschen" (Nussbaum 2010: 355). Nussbaum sieht mithin den Zweck sozialer Kooperation in konkreten Gemeinschaften nicht nur in der Etablierung von Institutionen, die auf die Verleihung der minimalen Fähigkeiten an die Mitglieder abzielen (Nussbaum 2010: 377-378), sondern aus ihrem Menschenbild heraus,

[13]Dabei geht sie davon aus, dass hierzu gewisse grundlegende Fähigkeiten des Menschen notwendig sind. Ihr Fähigkeitenansatz (capabilities approach), der auch von einer „gleiche[n] Würde aller Menschen" (Nussbaum 2010: 401) ausgeht und dem Konzept der Menschenrechte nahe steht (Nussbaum 2010: 390), zielt auf ein Anrecht auf Entfaltung dieser menschlichen Fähigkeiten, die sich an einer Speziesnorm orientieren (Nussbaum 2010: 377-378, 392), ab. Das Ziel der Entfaltung des menschlichen Potenzials ergibt sich bei ihr allerdings nicht aus einer Verbindung zur Gemeinschaft, sondern aus dem dem Menschen inhärenten Telos selbst.

[14]Vorteile einer institutionellen Struktur sind Arbeitsteilung, die Gewalt, jeden dazu zu bringen einen fairen Anteil beizusteuern, und die Möglichkeiten zur Prognose und Vorsorge, die Einzelne nicht haben (Nussbaum 2010: 420-421).

das im aristotelischen Sinne auf „praktische[r] Vernunft und Geselligkeit“ (Nussbaum 2010: 377) basiert, auch einen Ausdruck menschlicher Autonomie, also der Möglichkeit ein selbstbestimmtes Leben zu führen (Nussbaum 2010: 353). „Die Fähigkeit, sich mit anderen zusammenzutun, um sich selbst Gesetze zu geben, ist ein wesentlicher Aspekt menschlicher Freiheit. In diesem Sinn autonom zu sein, ist keine triviale Angelegenheit, sondern ein Bestandteil der Möglichkeit, ein im vollen Sinne menschliches Leben zu führen“ (Nussbaum 2010: 355).[15] Die ethische Respektierung des Staates ergibt sich für Nussbaum allerdings damit aus dem Respekt für die Freiheit des einzelnen Menschen (Nussbaum 2010: 362). Die konkrete Gemeinschaft bleibt damit nur ein aus dem Wert des Menschen abgeleiteter Wert.

Doch als solcher ist er für Nussbaum einer Manifestation einer ethischen Weltgemeinschaft im Sinne eines Weltstaates deutlich vorzuziehen. Aufgrund seiner enormen Größe und kulturellen sowie sprachlichen Unterschieden sei fraglich, inwieweit ein solcher Weltstaat seinen Bürgern ausreichend persönlich verantwortlich sein könne. Außerdem sei unklar, ob das andererseits notwendige Maß an kultureller und sprachlicher Homogenität überhaupt erstrebenswert sei. Diversität an sich sei wertvoll. Auch sei ein Weltstaat gefährlich, wenn er sich etwa in einen Unrechtsstaat wandeln würde. Dann gäbe es keinen Druck von außen, der ihn zum Umlenken bewegen könnte. Insbesondere sei ein nationalstaatliches System dadurch Garant für menschliche Freiheit, dass es Menschen in die Lage versetze, die Dinge in ihrem Staat explizit anders als in anderen Staaten zu regeln und sogar Staaten gegebenenfalls zu wechseln, wenn sie dort nach ihren jeweiligen Maßstäben besser leben können. „Der Schutz der nationalen Souveränität in einer pluralistischen Welt ist ein wichtiger Aspekt des Schutzes menschlicher Freiheit. In diesem Sinn ist jeder Weltstaat *ipso facto* tyrannisch“ (Nussbaum 2010: 428-429). Daher plädiert Nussbaum für eine sehr dünne internationale institutionelle Ordnung, in der Nationalstaaten eine entscheidende Rolle spielen (Nussbaum 2010: 429). Dass Nussbaum einen Wechsel von Menschen zwischen Staaten vorsieht, bedeutet freilich, dass ebenso wie schon bei Carens die Existenz von begrenzten

[15] An dieser Stelle ihres Textes spricht argumentiert Nussbaum allerdings mit einer anderen Zielrichtung. Ihr geht es um die Frage von Interventionen anderer Staaten bei Nichteinhaltung von Menschenrechten und nicht um die Aufnahme von Migranten.

Gemeinschaften noch nicht zur Folge hat, dass diese auch über ihre Zusammensetzung frei bestimmen dürfen.

Die konkrete Gemeinschaft als Menge freiwilliger Bindungen

Auch *David Miller* sucht nach dem Wert konkreter Gemeinschaften und findet ihn darin, dass Menschen sich mit dem ihnen Bekannten – ihrer Familie, Kollegen, Nachbarschaft und eben auch Nationalität – identifizieren und daher spezifische Verpflichtungen freiwillig annehmen würden, die sie gegenüber Unbekannten nicht annehmen (Miller 1999: 65). Durch solche Bindungen entfiele der Gegensatz zwischen Eigeninteresse und ethischen Verpflichtungen (Miller 1999: 79). Die Existenz solcher Bindungen sei jedoch – bis auf einige Ausnahmen wie Geflüchtete und Staatenlose – kein Problem, da auch die Unbekannten ihrerseits solche Bindungen hätten (Miller 1999: 73). Insbesondere sei dieser Ansatz mit der Forderung nach Menschenrechten vereinbar, da jeder innerhalb seiner Gemeinschaft diese Rechte verwirklichen könne und solle. Pflichten gegenüber Gemeinschaftsfremden ergäben sich so nur ausnahmsweise (Miller 1999: 79-80).[16]

Miller macht also einerseits, indem er auf ein Recht auf nationale Selbstbestimmung verweist, das notwendig sei, um nationale Identitäten zu schützen, und das ein Ausdruck kollektiver Autonomie sei (Miller 1999: 85, 88)[17], den Wert der konkreten Gemeinschaft sehr stark. Andererseits sieht aber auch er, dass es sozusagen ‚zwischen' den konkreten Gemeinschaften Menschen geben mag, denen gegenüber die Gemeinschaft Verpflichtungen hat, obwohl sie gegenüber diesen Unbekannten keine Verpflichtungen empfindet, wie dies bei Mitbürgern der Fall sei. Damit ist schon der erste Anstoß in Richtung der Frage der Umsetzbarkeit von ethischen Verpflichtungen gegenüber Menschen außerhalb von konkreten Gemeinschaften gegeben.

Um es jedoch noch einmal festzuhalten: Aus ethischer Perspektive ergeben sich diese Verpflichtungen direkt aus der oben auf verschiedene Weisen hergeleiteten ethischen Weltgemeinschaft. Grundlegende Rechte, die dem Menschen ethisch gesehen aufgrund seines Mensch-Seins zukommen, lassen sich nur in einer solchen Gemeinschaft aller Menschen begründen. Wenn es etwa mit Gewirth gesprochen für einen

[16] Miller verbleibt damit letztlich ein ethischer Universalist, denn er trifft ja dadurch, dass jedem Menschen ethische Verpflichtungen gegenüber anderen Angehörigen ihres Staates zuweist, klar eine universelle ethische Aussage.

[17] Dazu detaillierter später unter 2.2.

Menschen aus der Tatsache heraus, dass er als aktiv Handelnder sein Leben verwirklichen kann, Sinn ergibt, ein Recht auf die hierzu notwendigen Grundlagen zu verlangen, dann kann ethisch nur das Kriterium ‚Mensch' und nicht das Kriterium ‚Mitbürger' für eine Zuerkennung solcher Rechte taugen. Wenn man aber nun Nussbaum darin zustimmt, dass eine direkte Umsetzung in einem Weltstaat nicht wünschenswert wäre und mit ihr und Miller auch konkrete Gemeinschaften als wertvoll ansieht, dann ist eine Entbindung von den ethischen Verpflichtungen der Weltgemeinschaft dennoch nur insoweit möglich, wie konkrete Gemeinschaften diese Verpflichtungen erfüllen. Folgt man hier zunächst erst einmal Miller, dann sind diese Verpflichtungen für diejenigen Menschen, die gemeinschaftliche Bindungen haben, also Mitglied einer konkreten Gemeinschaft sind, erfüllt. Nur diejenigen, die keiner Gemeinschaft zugehören erscheinen problematisch. Rechte und konkrete Gemeinschaft lassen sich also insoweit miteinander versöhnen, wie alle konkreten Gemeinschaften für sich selbst die Prinzipien der ethischen Weltgemeinschaft umsetzen. Angenommen jeder Mensch gehörte zu einer Gemeinschaft, die hierzu für ihre Mitglieder in der Lage ist, ist eine völlige Versöhnung also möglich.

So sieht das auch *Albert-Peter Rethmann*, für den zwar aus ethischer Sicht das Prinzip universaler Gerechtigkeit bzw. der „Verbundenheit aller Menschen" Vorrang vor der Aufteilung der Welt in konkrete Gemeinschaften hat und konkrete Gemeinschaften daher begründungsbedürftig sind (Rethmann 2010: 130). Jedoch sei dies insoweit möglich, wie die Bereitstellung von öffentlichen Gütern von der Existenz nationaler Grenzen abhänge (Rethmann 2010: 129). Gerechtigkeit dürfe als Wert zwar nur universell bestimmt werden, „wenn aber Güter nur in abgegrenzten sozialen Einheiten gewährleistet werden können, haben die Grenzen dieses sozialen Raumes mit Blick auf diese Güter ihre Berechtigung, weil sie nicht der ethischen Universalisierungsforderung widersprechen" (Rethmann 2010: 129).[18]

Das Drinnen und das Draußen der konkreten Gemeinschaft

Am deutlichsten findet sich dieser Sachverhalt bei *Thomas Hobbes* formuliert. Auch Hobbes geht davon aus, dass es unabhängig von konkreten Gemeinschaften ethische Prinzipien gibt (Hobbes 2012: 118-142).

[18] Hier meint Rethmann etwa das staatliche Gewaltmonopol an sich, das soziale Sicherungssystem, das Rechtssystem oder auch Maßnahmen zur Kulturförderung (Rethmann 2010: 130).

Jedoch leben die Menschen in einem staatsfreien Naturzustand in Furcht, da ohne übergeordnete Gewalt jedermann potenziell nur auf sein eigenes Recht besinnt ist und stets danach trachten kann, anderen ihr Eigentum oder ihr Leben zu nehmen, da ihnen außer der Gegenwehr des Anderen keinerlei weitere Sanktion drohe. Der Zustand des Menschen sei daher ständig wie ein „Krieg aller gegen alle". (Hobbes 2012: 114-115). Der Mensch lebe folglich in der „Furcht, gemordet zu werden, stündliche Gefahr, ein einsames, kümmerliches, rohes und kurz dauerndes Leben" (Hobbes 2012: 116).

Doch gerade diese ständige Furcht sei geeignet, den Menschen zu einem Frieden zu bewegen (Hobbes 2012: 118). Sie bringt für Hobbes den Menschen dazu, sich einer Herrschaft zu beugen, unter der die destruktiven Leidenschaften durch Strafe gebändigt werden und sich jeder an die natürlichen Gesetze halte – „z.B. Gerechtigkeit, Billigkeit und kurz: andern das zu tun, was wir wünschen, daß es uns von andern geschehe" (Hobbes 2012: 151). Hierzu sei nur eine „höchste Gewalt" (Hobbes 2012: 156) im Stande, die die Menschen im Wege eines gemeinsamen Vertrags erschaffen, in dem sie ihr Recht, sich selbst zu beherrschen, dieser höchsten Gewalt unter der Bedingung abtreten, dass auch alle anderen dies tun (Hobbes 2012: 155). Daher ist ein Staat „eine Person, deren Handlungen eine große Menge Menschenkraft der gegenseitigen Verträge eines jeden mit einem jeden als ihre eigene ansehen, auf daß diese nach ihrem Gutdünken die Macht aller zum Frieden und zur gemeinschaftlichen Verteidigung anwende" (Hobbes 2012: 155-156).

Grundsätzlich darf der so geschaffene Leviathan gegenüber seinen Untertanen alles, da sie ihm ja alle Rechte abgetreten haben. Auch die Todesstrafe ist erlaubt, jedoch im Falle eines Todesurteils[19] gegen einen oder mehrere sind diese wiederum berechtigt, sich zu verteidigen (Hobbes 2012: 196). „Die Verpflichtung der Bürger gegen den Oberherrn kann nur so lange dauern, als dieser imstande ist, die Bürger zu schützen; denn das natürliche Recht der Menschen, sich selbst zu schützen, falls es kein anderer tun kann, wird durch keinen Vertrag vernichtet" (Hobbes 2012: 197). Solche Bürger, die sich gegen den Staat richten, werden zu Feinden. „Gegen erklärte Feinde des Staates aber, welche dem Staate schaden können, erlaubt das Naturrecht, die Waffen zu ergreifen; und in einem solchen Krieg kann der Sieger zwischen Schuldigen und Unschuldigen hinsichtlich des Vergangenen keinen Un-

[19] Etwa bei Kapitalverbrechen (Hobbes 2012: 262).

terschied machen, auch keinen schonen, es müßte denn der Vorteil der Bürger dies fordern“ (Hobbes 2012: 264).

Für alle Beteiligten des Vertrags, der den Leviathan konstituiert, gelten gleiche Rechte, auch wenn diese bei Hobbes freilich etwas schmal ausfallen, mithin außer dem Schutz des Lebens im reinen Gutdünken des Leviathans liegen. Wer aber außerhalb des Leviathans steht, der befindet sich mit ihm im Naturzustand, mithin im potenziellen Krieg. Das Drinnen-Sein und das Draußen-Sein macht also den Unterschied zwischen der Verwirklichung von Rechten, die für Hobbes eigentlich die Natur gebietet bzw. für den hiesigen Ansatz durch die ethische Weltgemeinschaft geboten werden, und einem Zustand der ständigen Gefahr bzw. zumindest der fehlenden Verwirklichung von Menschenrechten.

Die Aporie der Menschenrechte

Hier rückt dadurch die von Hobbes nicht thematisierte Frage in den Fokus, inwieweit ein Ein- und Austritt aus konkreten Gemeinschaften möglich ist. *Hannah Arendt* formuliert hierzu im Ergebnis ein ‚Recht‘ auf Zugehörigkeit zu einer Gemeinschaft. Arendt argumentiert vor dem Hintergrund der Erfahrungen ihrer Zeit mit Ausbürgerung und Staatenlosigkeit vor und im Zweiten Weltkrieg. Staatenlose im eigenen Territorium stellten – so Arendt – für die Staaten dieser Zeit ein grundlegendes und gleichzeitig aus der Perspektive des Einzelstaats unlösbares Problem dar. Ab einer gewissen Menge würden Staatenlose in einem Staat ein Problem darstellen, denn „der Nationalstaat kann nicht existieren, wenn nicht alle seine Bürger vor dem Gesetz gleich sind, und kein Staat kann bestehen, wenn ein Teil seiner Einwohner außerhalb aller Gesetze“ (Arendt 1993, 434) steht. Doch liege es einerseits auf der Hand, dass es nicht möglich sei Staatenlose auszuweisen, da es für sie keinen Heimatstaat gäbe, der ein Ziel einer Ausweisung sein könne, andererseits sei der Aufenthalt eines Staatenlosen in einem Staat quasi nur mit dessen Recht legitimiert, ihn gegebenenfalls wieder abzuschieben. Im Falle einer also unmöglichen, gleichzeitig aber aus Sicht des Staates unverzichtbaren Ausweisung, müsse der ausweisende Staat geradezu zwangsweise die Sphäre des Gesetzes verlassen und sich somit alegaler[20] Mittel bedienen (Arendt 1993, 427). Auch seien alle Versuche einer Lösung über internationales Recht letztlich daran gescheitert, „daß kein

[20]Nicht im Sinne von gegen das Recht bzw. dem Recht widersprechend (illegal), sondern im Sinne von frei von jeglichem Recht bzw. außerhalb des Rechts (alegal).

internationaler Status das Territorium ersetzen kann, auf das man einen unerwünschten Ausländer abschiebt. [...] Der einzige praktische Ersatz für das ihm [dem Staatenlosen, DS] mangelnde nationale Territorium sind immer wieder die Internierungslager gewesen; sie sind die einzige patria, die die Welt dem Apatriden anzubieten hat" (Arendt 1993, 428). Es habe sich am Beispiel Israels gezeigt, dass die einzige Möglichkeit, das Problem der Staatenlosen zu lösen, die Errichtung eines neuen, eigenen Staates ist (Arendt 1993, 433).

So kommt Arendt über ihre Bestandsaufnahme der Situation der Staatenlosigkeit vor und im Zweiten Weltkrieg zu einer harschen Kritik an dem Konzept der Menschenrechte. Geistesgeschichtlich – so Arendt – schien es zwar zunächst unproblematisch die Menschenrechte mit Volkssouveränität zu verquicken[21], da solange jeder Mensch oder zumindest die allermeisten einer Gemeinschaft angehören, jeder Mensch Menschenrechte von seiner Gemeinschaft garantiert bekommen konnte. Dies stellte sich jedoch dann als Problem heraus, als plötzliche Menschen auf den Plan traten, die tatsächlich nur Menschen, nämlich solche ohne Gemeinschaftszugehörigkeit waren (Arendt 1993, 434-437).

Vor dem Hintergrund ihrer Diagnose, dass in der Entziehung der Staatsangehörigkeit der Juden im Dritten Reich die Voraussetzung für deren Vernichtung gelegen habe (Arendt 1993, 418), stellt Arendt fest, dass es sinnlos sei, sich auf seine Rechte als unveräußerliche Menschenrechte zu berufen, da sie konkret doch niemals mehr sein könnten als die Rechte eines Staatsbürgers (Arendt 1993, 448). Jegliche Rechte seien nur innerhalb einer konkreten Gemeinschaft zu realisieren. „Als Gleiche sind wir nicht geboren, Gleiche werden wir als Mitglieder einer Gruppe erst kraft unserer Entscheidung, uns gegenseitig gleiche Rechte zu garantieren" (Arendt 1949: 764). Hingegen habe sich das reine Mensch-Sein nicht als ausreichende Grundlage für Rechte erwiesen. „Vor der abstrakten Nacktheit des Menschseins hat die Welt keinerlei Ehrfurcht empfunden; die Menschenwürde war offenbar durch das bloße Auch-ein-Mensch-Sein nicht zu realisieren" (Arendt 1993, 448). Mithin sei der Begriff der Menschenrechte paradox, denn der Moment ihres Verlustes falle genau mit dem Moment zusammen, an dem der Mensch nichts Weiteres mehr ist, außer Mensch zu sein (Arendt 1949: 765).

[21] Wie etwa in der Déclaration des droits de l'homme et du citoyen der französischen Revolution. In der Formulierung stecke schon die Doppeldeutigkeit des Verweises auf den Menschen und auf den Staatsbürger. Der Mensch sei nur soweit geschützt, wie er auch Staatsbürger ist.

Menschen-Würde und Bürger-Rechte

Diese Kritik richtet sich gegen die Vorstellung von Menschenrechten als Katalog. Diese sind aus Arendts Perspektive eben als Staatsbürgerrechte zu klassifizieren und dementsprechend auch innerhalb von konkreten Gemeinschaften angesiedelt. „Das Unglück der Rechtlosen liegt nicht darin, daß sie des Lebens, der Freiheit, des Strebens nach Glück, der Gleichheit vor dem Gesetz oder der Meinungsfreiheit beraubt sind; ihr Unglück ist mit keiner der Formeln zu decken, die entworfen wurden, um Probleme innerhalb gegebener Gemeinschaften zu lösen. Ihre Rechtlosigkeit entspringt einzig der Tatsache, daß sie zu keiner irgendwie gearteten Gemeinschaft mehr gehören. Ihr Zustand ist nicht zu definieren mit Ungleichheit vor dem Gesetz, da es für sie überhaupt kein Gesetz gibt; nicht daß sie unterdrückt sind, kennzeichnet sie, sondern daß niemand sie auch nur zu unterdrücken wünscht“ (Arendt 1949: 759). Arendt geht also sogar davon aus, dass paradoxerweise diejenigen, die zwar einer Gemeinschaft angehören, aber in ihr unterdrückt werden, besser gestellt sind als die Staatenlosen. Die Ersteren könnten zwar partikulare Rechte, wie das Recht auf Eigentum oder Meinungsfreiheit, verlieren, die Zweiteren hingegen stünden grundsätzlich jenseits aller Rechte und Gesetze (Arendt 1993, 439-442).[22] Kennzeichnend für die Staatenlosen sei es also, dass sie keiner menschlichen Gemeinschaft mehr angehören und somit effektiv aus der menschlichen Gemeinschaft überhaupt ausgeschlossen sind (Arendt 1993, 439). Der Mensch verliert damit seinen „Standort in der Welt“, „durch den allein er überhaupt Rechte haben kann und der die Bedingung dafür bildet, daß seine Meinungen Gewicht haben und seine Handlungen von Belang sind“ (Arendt 1993, 443). An dieser Situation ändere sich auch nichts durch die Wahrung von partikularen Menschenrechten in „nichttotalitären Ländern“. „Auch wo ihnen eine noch intakte Zivilisation das Leben sichert, sind sie, politisch gesprochen, lebende Leichname“ (Arendt 1993, 443).

[22] Arendt schlägt auch einen Test dafür vor, ob ein Entzug von jeglichen Rechten vorliegt, der die Argumentation noch einmal verdeutlicht: „Um zu erfahren, ob eine bestimmte Menschengruppe wirklich rechtlos geworden ist, braucht man sich nur zu fragen, ob die Begehung eines Verbrechens ihre Situation verbessert oder nicht. Wenn immer ein kleiner Einbruch den legalen Status eines Menschen verbessert, und sei es auch nur vorübergehend, kann man eigentlich sicher sein, daß man es mit einem Entzug der Menschenrechte zu tun hat“ (Arendt 1993, 429).

Für dieses so eindringlich geschilderte Problem liefert Arendt zwar keine Lösung, doch eröffnet sie den Weg dorthin durch eine differenziertere Betrachtung dessen, was eingangs als Menschenwürde und Menschenrechte eingeführt wurde. Nachdem nun die Katalog-Vorstellung von Rechten als Staatsbürgerrechte in die konkrete Gemeinschaft verwiesen wurde, fragt sich, was für ein ‚Recht' denn der Staatenlose einfordern kann. Arendt spricht hier vom „Recht, Rechte zu haben – und dies ist gleichbedeutend damit, in einem Beziehungssystem zu leben, in dem man auf Grund von Handlungen und Meinungen beurteilt wird" (Arendt 1993, 444).[23] Die Formulierung des „Rechts, Rechte zu haben" analysiert Benhabib dahingehend, dass sich das erstere Recht auf einen moralischen Imperativ bezieht, der sich an die gesamte Menschheit richtet, während die zweiteren Rechte eben auf dieses erste ‚Recht' aufbauen (Benhabib 2008: 63). Während der Gehalt des ersten ‚Rechts' ein Anspruch auf Zugehörigkeit zu einer Gemeinschaft ist, ergeben sich alle weiteren Rechte aus dieser (Rechts-)Gemeinschaft. Wenn man aber nun den Begriff Rechte mit einer gewissen Durchsetzungskraft in Verbindung bringt, also einer Zwangsgewalt, dann bietet sich an, nur noch die zweiteren Rechte Rechte zu nennen und hingegen das erste ‚Recht' nicht Recht, sondern Anspruch, denn um es Recht zu nennen, bedürfte es eine globale Zwangsgewalt, um es durchzusetzen, die es so aber nicht gibt. Da der Begriff der Rechte also inadäquat ist, möchte ich hier im Sinne der ethischen Weltgemeinschaft diesen Anspruch auf Zugehörigkeit mit dem Begriff der Menschenwürde zu verknüpfen.

Damit sind die Begriffe Menschenwürde und Menschenrechte im Hinblick auf das hier zu untersuchende Problem deutlich brauchbarer bestimmt, als dies eingangs möglich war. Menschenwürde als Anspruch auf Zugehörigkeit bildet dann die Grundlage für die Menschenrechte, die jedoch, wie deutlich wurde, Bürgerrechte sind. Der sich aus seiner Würde ergebende Anspruch des Menschen auf Zugehörigkeit zu einer konkreten Gemeinschaft, stellt damit die unentbehrliche Bedingung der Möglichkeit von Rechten im Sinne eines Katalogs dar. Dies gilt unab-

[23] Im Hintergrund steht hier das aristotelische Menschenbild eines zoon politikon, der durch Sprechen die Angelegenheiten des öffentlichen Lebens regeln kann. Damit sei dem Staatenlosen in diesem Sinne sein Menschsein beraubt. (Arendt 1993, 444-445). Beraubt allerdings im Sinne von zoé, während das nackte bloße Leben, das bios, verbleibt, wie im folgenden Agamben argumentieren wird (1.4).

hängig davon, wie umfangreich der Katalog im Einzelnen ist.[24] Für die Umsetzung von Rechten ist dann die konkrete Gemeinschaft zuständig, während der Anspruch auf Zugehörigkeit diese transzendiert und so auf der Ebene der ethischen Weltgemeinschaft angesiedelt ist. Geht man davon aus, dass der Mensch in der Tat in der Lage ist, in konkreten Gemeinschaften alle Rechte für sich zu verwirklichen, dann stellt der Anspruch auf Zugehörigkeit gar den Kern der ethischen Weltgemeinschaft dar. Wenn hypothetisch alle Menschen Teil einer Gemeinschaft wären, könnten also alle Menschen Rechte für sich verwirklichen. Zwar mögen in den einzelnen Gemeinschaften sehr unterschiedliche Standards von Bürgerrechten herrschen, doch könnte den Mitgliedern einer Gemeinschaft, deren Bürgerrechte ihnen nicht genügen, in einem noch genauer zu eruierenden Umfang zugehalten werden, dass sie ja politisch handelnd in ihrer eigenen Gemeinschaft eine höheres Niveau etablieren könnten.

Da wir aber offenbar in einer Welt leben, in der es Staatenlose gibt, also nicht alle Menschen zu einer Gemeinschaft gehören, verbleibt das Paradox, dass die konkrete Gemeinschaft, die eigentlich selbstbestimmt ihre Normen festlegt und das auch muss, um als konkrete abgegrenzte Gemeinschaft existieren zu können, sich aus ethischer Sicht den Normen der ethischen Weltgemeinschaft unterwerfen müsste.[25] Dieses Hemmnis für die Umsetzung der als Anspruch auf Zugehörigkeit verstandenen Menschenwürde lässt sich – wie oben geschehen – mit Nussbaum ethisch als Ausdruck menschlicher Autonomie verstehen. Als solches stellt es jedoch kaum einen plausiblen Gegen-Wert dar, der es erlauben würde, den Staatenlosen ihre Menschenwürde vorzuenthalten. Deshalb ist es nötig im Folgenden die Perspcktive zu wechseln und die Funktionsweise konkreter Gemeinschaften in politischer Hinsicht zu betrachten. Dabei verändert sich zum einen der Blickwinkel vom Ethischen hin zum Faktischen, zum anderen richtet sich der Fokus auch wie schon bei Arendt

[24] Gar Staaten, die (zu Recht) für eine schlechte ‚Menschenrechtslage' kritisiert werden, sichern für den Großteil ihrer Bürger mithin eine gewisse Menge an Rechten.

[25] So sieht das im Wesentlichen auch Benhabib, wenn sie von einem „unauflöslichen Widerspruch [...]zwischen den expansiven und inklusiven Prinzipien des moralischen und politischen Universalismus der Menschenrechte und den partikularistischen und exklusiven Konzepten demokratischer Ausschließung" (Benhabib 2008: 29-30) spricht (weiteres dazu Benhabib 2008: 53-55, 71-72). Ebenso Carl Schmitt: „Ein demokratischer Staat [würde sich] durch eine konsequente Anerkennung der allgemeinen Menschengleichheit auf dem Gebiet des öffentlichen Lebens und des öffentlichen Rechts seiner Substanz berauben" (Schmitt, 1928, 233).

nicht mehr auf Einschließung des Menschen in eine Gemeinschaft, sondern vielmehr auf das Gegenstück, seine Ausschließung.

Arendt liefert gen Ende ihrer oben dargestellten Ausführungen zu den Aporien der Menschenrechte bereits einen fast schon apokalyptischen aber treffenden Ausblick auf die Problematik, die sich aus der Funktionsweise politischer Gemeinschaften ergibt. Für Arendt bringen diese grundsätzlich Staatenlose hervor, die nicht wieder in eine andere Gemeinschaft aufgenommen werden können. „Es ist, als ob eine globale, durchgängig verwebte zivilisatorische Welt Barbaren aus sich selbst heraus produzierte, indem sie in einem inneren Zersetzungsprozeß ungezählte Millionen von Menschen in Lebensumstände stößt, die essentiell die gleichen sind wie die wilder Volksstämme oder außerhalb aller Zivilisation lebender Barbaren“ (Arendt 1993, 450).

1.4 Die konkrete Gemeinschaft als politische Gemeinschaft

Die politische Gemeinschaft als Differenz zwischen Freund und Feind

Das hier vorgeschlagene Verständnis der konkreten Gemeinschaft als politische Gemeinschaft basiert zunächst auf *Carl Schmitt*, auf den die folgenden Autoren jeweils aufbauen. Schmitts Begriff des Politischen besteht aus einer spezifisch politischen Unterscheidung, der Unterscheidung zwischen Freund und Feind. In dieser erschöpft sich nicht der Inhalt des Politischen, jedoch gibt sie das Kriterium an, an dem man das Politische erkennen kann (Schmitt 1979: 26). Die Freund-Feind Unterscheidung verweist dabei im Sinne eines Potenzials auf die äußerste Intensität des Politischen. Der Feind ist seinem Wesen nach der Fremde, der „in einem besonders intensiven Sinne existenziell etwas anderes und Fremdes ist, sodass im extremen Fall Konflikte mit ihm möglich sind, die weder durch eine im Voraus getroffene Normierung, noch durch den Spruch eines ‚unbeteiligten‘ und daher ‚unparteiischen‘ Dritten entschieden werden können“ (Schmitt 1979: 27). Durch diese Loslösung von jeglicher außenstehender Instanz können die Beteiligten nur selbst entscheiden, „ob das Anderssein des Fremden im konkret vorliegenden Konfliktfalle die Negation der eigenen Art bedeutet und deshalb abgewehrt oder bekämpft wird, um die eigene seinsmäßige Art von Leben zu bewahren“ (Schmitt 1979: 27). Wie solche Zitate deutlich machen, begreift Schmitt die Freund-Feind Unterscheidung in einem existenziellen, geradezu ontologischen Sinne, keinesfalls symbolisch oder metaphorisch. Mithin wendet sich Schmitt auch deutlich dagegen, das Politische mit anderen Bereichen wie etwa der Ethik zu vermengen oder durch diese abzuschwächen (Schmitt 1979: 28).

Es geht auch nicht um so etwas wie private Feindschaften, sondern immer um den öffentlichen Feind im Sinne von Gruppen von Menschen, die sich feindlich gegenüberstehen (Schmitt 1979: 29). So kann auch die Menschheit an sich nicht politisch sein, da sie keinen gemeinsamen Feind hat (Schmitt 1979: 54-55). Ein Weltstaat ist daher per se unpolitisch, es sei denn es gäbe Feinde im Inneren (Schmitt 1979: 54).[26] Politisch im Sinne Schmitts sind nur politische Einheiten bzw. politische Gemeinschaften, die Homogenität in ihrem Inneren voraussetzen. Pluralität hingegen zerstört sie notwendigerweise. Jedoch bleibt Pluralität außerhalb durch mehrere politische Gemeinschaften möglich, ja sogar zwingend, denn die Existenz einer politischen Gemeinschaft setzt einen Feind, also eine andere politische Gemeinschaft, voraus (Schmitt 1979: 45). Auch innerhalb von Staaten kann der Staat jemanden zum Feind erklären, etwa indem er ihn mit „Bann“ oder „Friedlosigkeit“ belegt bzw. ihn „hors-la-loi“ (außerhalb des Gesetzes) setzt. Hier knüpft Schmitts Theorie des Ausnahmezustands und der Souveränität an.

Souveränität und Ausnahmezustand

Schmitt geht in seiner Herangehensweise an die Souveränität davon aus, dass der Blick auf die Ausnahme stets mehr über die Funktionsweise der Regel verrate, als die Regel selbst. Die „Regel lebt überhaupt nur von der Ausnahme“ (Schmitt 1993: 21). Daran knüpft sich seine Definition von Souveränität: „Souverän ist, wer über den Ausnahmezustand entscheidet“ (Schmitt 1993: 13). Mit Ausnahmezustand ist hier nicht irgendeine Form von Notverordnung gemeint, sondern die vollständige Suspendierung der Rechtsordnung (Schmitt 1993: 13). „Erst dieser Fall [der Ausnahmezustand, DS] macht die Frage nach dem Subjekt der Souveränität, das heißt die Frage nach der Souveränität überhaupt, aktuell“ (Schmitt 1993: 14). Es könne jedoch weder klar an-

[26] Schmitt spricht hier von einem weltweiten Bürgerkrieg. Ein solcher – so warnt er – könne aus einer Zweckentfremdung, die Ethik im Bereich der Politik für Schmitt immer darstellt, der universellen Menschenrechte entstehen.

gegeben werden, in was für einem Notfall ein Ausnahmezustand ausgerufen werden müsse, noch was in einem solchen Fall zu geschehen habe (Schmitt 1993: 14). Positivistische Rechtstheoretiker wie Hans Kelsen würden versuchen, Souveränität in diesem Sinne zu beseitigen, indem sie jenseits der Rechtsordnung nichts zuließen bzw. versuchten den Ausnahmezustand rechtlich zu regeln. Aus der Perspektive von Schmitt ist das jedoch nicht möglich, da jede Ordnung auf einer Entscheidung beruhe. Das gelte auch für die Rechtsordnung, die zwar beide Elemente des Juristischen – die Norm und die Entscheidung – in sich vereine, doch als Ordnung selbst nur auf einer Entscheidung ruhe, nicht auf einer Norm (Schmitt 1993: 16).[27] Alles Recht ist für Schmitt daher „Situationsrecht“: „Der Souverän schafft und garantiert die Situation als Ganzes in ihrer Totalität. Er hat das Monopol dieser letzten Entscheidung. Darin liegt das Wesen der staatlichen Souveränität, die also richtigerweise nicht als Zwangs- oder Herrschaftsmonopol, sondern als Entscheidungsmonopol juristisch zu definieren ist“ (Schmitt 1993: 19). Der Souverän kann also entweder entscheiden, die Situation, in der die Rechtsordnung gilt, in Kraft zu halten oder diese Situation zugunsten eines Ausnahmezustandes zu torpedieren. Der Ausnahmezustand unterscheidet sich jedoch deutlich von einer Anarchie, da in ihm immer noch eine Ordnung gilt. So bleibt „der Staat bestehen [...], während das Recht zurücktritt“ (Schmitt 1993: 18). „Der Ausnahmefall offenbart das Wesen der staatlichen Autorität am klarsten. Hier sondert sich die Entscheidung von der Rechtsnorm, und (um es paradox zu formulieren) die Autorität beweist, daß sie, um Recht zu schaffen, nicht Recht haben braucht“ (Schmitt 1993: 19).

Das Widersprüchliche an Schmitts Argumentation ist, dass er einerseits seine Politische Theorie von allen äußeren Einflüssen seitens der Ethik freihalten will und solche Autoren, die die Politik durch Ethik einzäunen wollen, bezichtigt, dies nur zu tun, um dahinter versteckte Machtinteressen zu verbergen, aber andererseits, dadurch, dass er die Politik über alles stellt, die Durchsetzung von reiner Macht le-

[27] „Die zwei Elemente des Begriffes „Rechts-Ordnung“ treten hier einander gegenüber und beweisen ihre begriffliche Selbstständigkeit. So wie im Normalfall das selbstständige Moment der Entscheidung auf ein Minimum zurückgedrängt werden kann, wird im Ausnahmefall die Norm vernichtet.“ (Schmitt 1993: 19) Diese Formulierung richtet sich gegen Hans Kelsen, der in Reine Rechtslehre darauf beharrt, dass Normen sich nur aus Normen herleiten könnten und so bezüglich der Geltung von Normen an sich von einer Ur-Norm auszugehen sei.

gitimiert.[28] Wenn man Schmitts Schriften aus ethischer Perspektive betrachtet, dann kann man nicht umhin, deutlich zu sehen, dass für Schmitt eben alles, was eine politische Gemeinschaft durchsetzen kann, auch ethisch in Ordnung ist. „Was das Volk will, ist eben deshalb gut, weil es [das] will" (Schmitt 1928: 229). So gesehen hätte man in ethischer Hinsicht eine kommunitaristische Extremposition, nach der all das gut ist, was die politische Gemeinschaft tut. Es ist eine reine Machtethik, die mit Gerechtigkeit im Sinne von Berücksichtigung der Interessen aller Betroffenen nichts mehr zu tun hat und offensichtlich wäre alles, was nicht in einer homogenen politischen Gemeinschaft organisiert ist, potenziell dem Untergang geweiht. Das wäre freilich – und hier kann auch auf die Ausführungen von Knoepffler verwiesen werden (1.1) – Faschismus.

Das ist aber nicht die einzige Lesart von Schmitts Ausführungen. Dem widerspricht etwa, dass Schmitt, gerade die Tatsache, dass er den Begriff des Politischen von allem Ethischen und Ökonomischen frei halten will, letztlich gerade ethisch begründet mit dem Verweis darauf, dass ethische Argumente zur Machtgewinnung missbraucht werden können. Schmitt selbst möchte seine Ausführungen ja gerade ethikfrei, also rein analytisch verstanden wissen. Auch wenn das, wie oben gezeigt, nicht durchgängig überzeugt, entwickelt Schmitt so gesehen ein unerwartetes herrschaftskritisches Potenzial.

Souveränität als Fähigkeit zur Verbannung

Schmitt hat gezeigt, dass das Ob und Wie der Geltung einer Rechtsordnung von der souveränen Entscheidung einer politischen Gemeinschaft, also einer solchen Gemeinschaft, die sich im Sinne einer Freund-Feind

[28] Das zeigt etwa folgendes Zitat: „Der Krieg, die Todesbereitschaft kämpfender Menschen, die physische Tötung von anderen Menschen, die auf der Seite des Feindes stehen, alles das hat keinen normativen, sondern nur einen existenziellen Sinn, und zwar in der Realität einer Situation des wirklichen Kampfes gegen einen wirklichen Feind, nicht in irgendwelchen Idealen, Programmen oder Normativitäten. Es gibt keinen rationalen Zweck, keine noch so richtige Norm, kein noch so vorbildliches Programm, kein noch so schönes soziales Ideal, keine Legitimität oder Legalität, die es rechtfertigen könnte, daß Menschen sich gegenseitig dafür töten. Wenn eine solche physischen Vernichtung menschlichen Lebens nicht aus der seinsmäßigen Behauptung der eigenen Existenzform gegenüber einer ebenso seinsmäßigen Verneinung dieser Form geschieht, so läßt sie sich eben nicht rechtfertigen." (Schmitt 1979: 49). Einerseits könne Ethik die Tötung von Menschen im Krieg nicht rechtfertigen, andererseits rechtfertigt das Politische dies schon. Rechtfertigung ist jedoch etwas Ethisches, nicht etwas Politisches.

Unterscheidung von anderen abgrenzt, abhängt. Hierauf baut *Georgio Agamben* auf. Im Bezug auf Hobbes führt er aus, dass dessen Naturzustand eher ein schmittscher Ausnahmezustand sei, in dem der Staat für einen Moment aufgelöst erscheint. Die Gründung eines Staates sei mithin kein Ereignis, dass ewig fortwähre, sondern bleibe stets in Form der souveränen Entscheidung wirksam. Auch sei das Modell des Vertrags, das Hobbes der Staatsgründung unterlegt, eine Missdeutung. Die Demokratie habe sich in den Situationen, in denen die souveräne Entscheidung sich eben gegen diesen Vertrag gerichtet habe, stets ohnmächtig reagiert, weil sie nicht in der Lage gewesen sei, das Politische außerhalb des Vertrags zu begreifen (Agamben 2007: 119). Die originäre politische Beziehung sei nicht der Vertrag, sondern vielmehr der Bann (Agamben 2007: 190). „Der Bann ist wesentlich die Macht, etwas sich selbst zu überlassen, das heißt die Macht, die Beziehung mit einem vorausgesetzten Beziehungslosen aufrechtzuerhalten. Dasjenige, was unter Bann gestellt wird, ist der eigenen Abgesondertheit überlassen und zugleich dem ausgeliefert, der es verbannt und verläßt, zugleich ausgeschlossen und eingeschlossen, entlassen und gleichzeitig festgesetzt“ (Agamben 2007: 119). Mit dieser bewusst doppeldeutig gehaltenen Formulierung meint Agamben das Schaffen einer Beziehung zwischen Verbanntem und Souverän, in der der Verbannte aus der politischen Gemeinschaft ausgeschlossen wird, aber dadurch nicht einfach zu einem Fremden bzw. Unbekannten wird, sondern als Ausgeschlossener die feste Beziehung der Ausgeschlossenheit weiter behält. Mit Schmitt ließe sich auch sagen, der Verbannte wird aus der Rechtsordnung herausgenommen, verbleibt aber als Herausgenommener in der Ordnung des Souveräns.

Die Hauptfigur des Verbannten ist bei Agamben der Homo sacer, das Leben, das „getötet werden kann, aber nicht geopfert werden darf“ (Agamben 2007: 18). Diese Figur des Homo sacer spiegelt sich in der Figur des Souveräns. Beide stehen auf ihre Weise außerhalb der Rechtsordnung, aber innerhalb der Ordnung. Beide können getötet werden, da die Tötung beider kein Mord im Sinne eines Tatbestands innerhalb der Rechtsordnung ist. Die Tötung des Homo sacer ist weniger als ein Mord, nämlich einfach eine Tötung, und die Tötung des Souveräns ist mehr als ein Mord, nämlich ein schlimmer zu bestrafendes Delikt (crimen laesae maiestatis). Beide können aber auch nicht geopfert werden, weil sie keinem Ritus im Sinne eines rechtsförmigen Verfahrens unterworfen werden können, da ein solches jeweils nur in der

Rechtsordnung Sinn macht. So erscheint ein rechtliches Verfahren gegen den Staat unmöglich bzw. ist in der Praxis nur sehr eingeschränkt möglich (Agamben 2007: 112-113). So gibt es auf der einen Seite den Souverän, der die politische Gemeinschaft hinter bzw. unter sich hat und auf der anderen Seite den Homo sacer, der nichts hat außer sein eigenes, nacktes Leben. Für beide gilt nicht die Rechtsordnung, wie sie für die Mitglieder der politischen Gemeinschaft gilt.

Die so Verbannten identifiziert Agamben nun mit den Geflüchteten[29] vor Europa, die, ebenso wie für Arendt die Staatenlosen, eine Krise der Menschenrechte indizieren. Diese – also die Menschenrechte – seien trotz Verweis auf den Menschen an sich eben an den Nationalstaat gebunden. Im modernen Nationalstaat, wie er seit der französischen Erklärung der Menschenrechte[30] existiere, sei kein auf Dauer angelegter Status des Menschen, sondern nur des Bürgers angelegt (Agamben 2006: 24-25). Deren eigentliche Bedeutung sei der Übergang von der königlichen Souveränität zur nationalen Souveränität, also als Verbindung der Geburt (natio) mit der Souveränität. Qua Geburt wird der Mensch entweder durch Abstammung (ius sanguinis) oder durch Geburtsort (ius soli) Teil des Souveräns. Es findet also eine Einschreibung des nackten Lebens in den Souverän statt. Der Mensch an sich wird somit zur biologischen Grundlage der politisch eigentlich nur relevanten Figur des Bürgers (Agamben 2006: 25-26).

Biopolitik und der Ausnahmezustand als Lager

Agamben trennt das Wort Leben in zwei Begriffe.[31] Während der griechische Begriff bíos von Aristoteles immer im Sinne eines qualifizierten Lebens (etwa bíos politikós) gebraucht werde, bezeichne der Begriff zoé

[29] Für Agamben, sowie auch für Arendt sind der Geflüchtete und der Staatenlose im Wesentlichen ein und dasselbe. Sie halten die Differenzierung zwischen beidem nicht für angemessen. Der Geflüchtete hat zwar noch eine Staatsangehörigkeit, jedoch sei er, was seine Flucht indiziert, in der Regel des Schutzes seines Staates beraubt. Mehr dazu in 2.3.3.

[30] Gemeint ist wiederum die Déclaration des droits de l'homme et du citoyen.

[31] Genaugenommen oszilliert Agamben eher zwischen zwei und drei Begriffen von Leben. Manchmal, wie in den hier genutzten Zitaten erscheint das sog. nackte Leben gleich der zoé. An anderen Stellen des Textes erkennt man aber auch ein getrenntes Verständnis von nacktem Leben und zoé. Etwa hier: „Die fundmentale Leistung der souveränen Macht ist die Produktion des nackten Lebens als ursprüngliches politisches Element und als Schwelle der Verbindung zwischen Natur und Kultur, zoé und bíos" (Agamben 2007: 190).

das reine, nackte Leben an sich (Agamben 2007: 11).[32] Der von Foucault übernommene Ansatz der Biopolitik, verweist darauf, dass mit der Moderne das Leben an sich in den Fokus der Politik rückt (Agamben 2007: 12-13). „Doch das Eintreten der zoé in die Sphäre der pólis, die Politisierung des nackten Lebens als solches bildet auf jeden Fall das entscheidende Ereignis der Moderne und markiert eine radikale Transformation der klassischen-philosophischen Kategorien“ (Agamben 2007: 14). Gemeint ist hier das oben erklärte nationale Souveränitätsmodell, durch das der Mensch qua Geburt als Staatsbürger Teil des Souveräns wird. Aus diesem Modell heraus kommt Agamben zu dem Ergebnis, dass „die Produktion eines biopolitischen Körpers die ursprüngliche Leistung der souveränen Macht ist“ (Agamben 2007: 16).

Diesem biopolitischen Ansatz entsprechend, geht Agamben im Unterschied zu Schmitt davon aus, dass die fundamentale Differenz des Politischen nicht die Freund-Feind-Unterscheidung, sondern die Unterscheidung zwischen nacktem Leben/politischer Existenz bzw. zoé/bíos oder Ausschluß/Einschluß ist. Eingeschlossen als Staatsbürger kann der Mensch aber nur durch Geburt werden. Der Geflüchtete hingegen durchbricht dieses Muster der Einschreibung des nackten Lebens in den Souverän, weil er nicht Bürger ist, mithin zu keiner Gemeinschaft gehört und somit über dieses System nicht mehr repräsentiert werden kann. Er stürze dadurch die fundamentalen Kategorien des Nationalstaats, nämlich die Verbindung von Nativität und Nationalität, in eine Krise (Agamben 2007: 143) und stelle besonders als Massenphänomen eine Gefahr für die Souveränität und das Modell des Nationalstaats dar (Agamben 2006: 26-27).

Der Mechanismus, mit dem der Nationalstaat diese Bedrohung abwehre, sei das Lager. „Das Lager ist der Raum, der sich öffnet, wenn der Ausnahmezustand zur Regel zu werden beginnt“ (Agamben 2006: 38; Agamben 2007: 178). Im Lager werde der eigentlich zeitlich begrenzte Ausnahmezustand in einer dauerhafte räumliche Einrichtung gegossen, die dauerhaft außerhalb der normalen Rechtsordnung stehe (Agamben 2007: 178). Dadurch ist es analog zu dem Verbannten jedoch nicht einfach ein Außenraum, sondern eine einschließende Ausschließung. Die Ausnahme wird damit in die Ordnung mit aufgenommen (Agamben 2007: 179). Es kommt Agamben bezüglich der Definition des Lagers nicht darauf an, was für Taten in dem Lager begangen werden, sondern,

[32] Der Ausdruck ‚zoon politikon‘ sei hier eine Ausnahme, die dazu diene die Differenz von menschlichem Leben zu anderem Leben deutlich zu machen.

dass dort aufgrund der Suspendierung der Rechtsordnung das nackte Leben der Macht des Souveräns, seiner rechtsfreien Ordnung, direkt ausgesetzt ist (Agamben 2006: 40). Das Auftreten des Lagers sei „das Zeichen, dass das System unmöglich funktionieren kann, ohne sich in eine tödliche Maschinerie zu verwandeln“ (Agamben 2006: 42). Das Lager sei daher „das biopolitische Paradigma des Abendlandes“ (Agamben 2007: 190). Daher müssten wir lernen, es in alle seinen Erscheinungsformen zu erkennen.[33] „Es ist das vierte, unabtrennbare Element, das zu der alten Dreieinigkeit von Staat-Nation(Geburt)-Territorium hinzugetreten ist, um sich an sie anzuschließen und sie zugleich zu sprengen“ (Agamben 2006: 42). Für eine solche Sprengung ist die relevante Figur der Geflüchtete, der Verbannte. Daher sei er die entscheidende Figur für eine politische Theorie dessen, was nach dem von ihm beobachteten Niedergang des Nationalstaats kommen würde (Agamben 2006: 21-22). Der Geflüchtete ist „die einzige Kategorie, die uns heute Einsicht in die Formen und Grenzen einer künftigen politischen Gemeinschaft gewährt“ (Agamben 2006: 22). Damit verweist Agamben freilich schon auf die von ihm anvisierte Lösung des hier bearbeiteten Problems, die allerdings in genau entgegengesetzter Richtung verläuft, als diejenige, die hier bald dargestellt werden wird.

Die Theorie des Staatsrandes und die Unvermeidlichkeit des Ausschlusses

Maximilian Lakitsch fasst nun schließlich die von Agamben beschriebene Trennung der politischen Gemeinschaft, für die die Rechts-Ordnung gilt, und des Lagers, in dem nur die reine Macht-Ordnung gilt, in eine Staatstheorie, für die diese Trennung konstitutiv ist. Er bemerkt in dem Widerspruch zwischen dem an Menschenrechte geknüpften modernen Staat und konkreten Gewaltakten etwa in Gaza oder gegenüber Geflüchteten ein “Unbehagen im modernen Staat” (Lakitsch 2013: 16).[34] Diese Akte staatlicher Gewalt seien aber keine archaische Relikte, die im

[33]Damit sind nicht nur Konzentrationslager der Nazis gemeint, sondern auch etwa Auffanglager für Geflüchtete.

[34]Lakitsch baut auf ein Staatsverständnis, dass er moderner Staat nennt. Dieser beruht auf den drei gängigen Elementen Staatsgewalt, Staatsvolk und Staatsterritorium. Dabei ist die Souveränität die „Essenz des modernen Staates“ (Lakitsch 2013: 47), da sie die Beziehung zwischen Staatsgewalt auf der einen und Staatsvolk und -territorium auf der anderen Seite setzt. Die Staatsgewalt ruht auf einem rationalen Fundament, d.h. die Abläufe im Staat müssen auf einer Logik basieren, die intersubjektiv nachvollziehbar ist und die dem Staat so Legitimität gegenüber sei-

modernen Staat eigentlich zu vermeiden wären, sondern bereits in seinem Fundament angelegt (Lakitsch 2013: 17). Lakitsch trennt zunächst im Anschluss an die in diesem Abschnitt behandelten Autoren[35] einen primären Machtakt, einen pouvoir constituante, von einer sekundären Ebene der Rechtsordnung, die auf dem primären Machtakt ruhe. Die Grundlagen staatlicher Gewalt, nach denen Lakitsch forscht, ergäben sich aus dem Verhältnis dieser beiden Ebenen (Lakitsch 2013: 134).

Der primäre Machtakt stelle eine souveräne Entscheidung dar, in der sich die politische Gemeinschaft erst als solche erkennt und in der sie die Geltung der Rechtsordnung begründe, sie mithin zu *ihrer* Rechtsordnung mache (Lakitsch 2013: 135). Durch diesen Akt des gemeinsamen Einschlusses findet aber immer auch ein Ausschluss statt. Die politische Gemeinschaft setzt sich im Akt ihrer Konstitution immer auch von anderen ab und verbannt sie aus der Gemeinschaft. Damit werden die Ausgeschlossenen bzw. die Verbannten im umgekehrten Sinne konstitutiv für das Staatsvolk. So speist sich die Geltung des Rechts aus dem Leben, das gebannt wurde. Obwohl freilich kein Band der Legitimität zwischen den Ausgeschlossenen und der Staatsgewalt bestehe, sei dieser Ausschluss „kein Abbruch der Beziehung zum Souverän, als vielmehr ein Herstellen der Beziehung des Ausschlusses – Einschluss durch Ausschluss" (Lakitsch 2013: 136-137). Der primäre Machtakt ist aber nun kein einmaliges, sondern wie bei Agamben ein stets fortgeführtes Ereignis, wodurch der Souverän sein Inneres – also die politische Gemeinschaft – immer neu definiere und so stetig durch neuen Ausschluss nacktes Leben produziere (Lakitsch 2013: 138). Dies geschehe entweder, indem Menschen aus dem Inneren der politischen Gemeinschaft ins Außen verbannt werden, oder, indem Menschen, die von außen in den Souveränitätsbereich eindringen „im Außen seines Rechtsraumes, also im Bereich des aufgehobenen Rechts einschließt" (Lakitsch 2013: 140). Der erste Fall bezieht sich für die Frage der Geflüchteten grob auf politische Verfolgung etwa in Form von massiver ungerechtfertigter Diskriminierung, der zweite Fall bezieht sich auf die Festsetzung von Geflüchteten in Europa.

Diese Festsetzung findet für Lakitsch an einem Ort statt, an dem nicht einfach keine Ordnung gilt, sondern die Rechtsordnung aufge-

ner Bevölkerung verleiht, nicht jedoch gegenüber Außenstehenden (Lakitsch 2013: 43-51).

[35] Also Schmitt und Agamben. Zusätzlich spielt auch Walter Benjamin eine wichtige Rolle.

hoben ist, die Ordnung aber verbleibt.[36] Der Staat bzw. die politische Gemeinschaft übe über beide Orte Souveränität aus, innerhalb der politischen Gemeinschaft in Form des Rechts, außerhalb unvermittelt und direkt (Lakitsch 2013: 139-140). Diesen Ort nennt Lakitsch nun den Staatsrand. Obwohl die Menschen im Staatsrand nicht zur Rechtsgemeinschaft gehören, sei der Staatsrand dennoch ein Teil des modernen Staats (Lakitsch 2013: 143). Die Grenze zwischen beiden Seite verlaufe nicht im geographischen Sinne außen herum, sondern quer durch das Staatsterritorium überall dort, wo Menschen aus der Rechtsordnung ausgeschlossen, mithin zu Bewohnern des Staatsrands werden (Lakitsch 2013: 144).

Das Verhalten des Staates habe im Staatsrand mit Legitimität nichts zu tun, sondern sei a-legitim (Lakitsch 2013: 145, 149). Lakitsch offenbart mit diesem Ausdruck, dass er Legitimität als Begriff stets nur innerhalb der rechtlich geregelten politischen Gemeinschaft für möglich hält. Vor dem Hintergrund des hiesigen Ansatzes ist es deutlich plausibler von Legalität in der Rechtsgemeinschaft und A-Legalität in ihrem Außenraum, dem Staatsrand bzw. dem Lager (Agamben) zu sprechen. Fasst man Legitimität nämlich als ethischen Begriff, dann kann man vor dem Hintergrund der ethischen Weltgemeinschaft sehr wohl von illegitimen Handlungen gegenüber Geflüchteten sprechen. Das ändert jedoch nichts an der Diagnose von Lakitsch, dass der moderne Staat, um sich als etwas Begrenztes zu konstituieren, notwendigerweise alegale und oft auch illegitime Handlungen verübt.

Statt wie bisher aus ethischer Perspektive auf den Aspekt der Einschließung (außer bei Arendt) zu schauen, ermöglichten die Autoren dieses Abschnitts einen Blick aus machtanalytischer Perspcktive auf die Frage der Ausschließung. Aus dieser Perspektive konnte gezeigt werden, dass die konkrete Gemeinschaft als politische Gemeinschaft ohne diese Ausschließung nicht auskommt, mithin auf ihr aufsitzt. Die Existenz von Ausgeschlossenen, also Geflüchteten, erscheint damit unvermeidbar. Arendts Rede von den Aporien der Menschenrechte scheint sich also zu bestätigen. Bevor aber eruiert wird, inwieweit dennoch eine

[36] Dieser Beschreibung gilt wohl nicht für jeden Ort, an dem Geflüchtete `festgesetzt` werden. In den meisten Fällen – so ist zumindest zu hoffen – wird sich die Behandlung der Geflüchteten an rechtlichen Standards orientieren. Es gibt aber auch Fälle, in denen dies offenbar nicht so ist. Hier trifft Lakitsch Beschreibung. Es sei hier schon einmal auf den Anhang 1 verwiesen, der eine Übersicht über solche Situationen gibt.

Lösung möglich erscheint, sollten zunächst diese ‚Aporien' genau dargestellt werden.

1.5 Aporie – Paradoxie – Antinomie?

Das Ziel dieses Kapitels ist es, das zugrundeliegende Problem dieser Arbeit genau zu erfassen. Nachdem nun von ethischer Seite her gezeigt wurde, dass es universelle Verpflichtungen in einer ethischen Weltgemeinschaft aller Menschen gibt, und von analytischer Seite her gezeigt wurde, dass konkrete politische Gemeinschaften auf dem Ausschluss von Menschen aus gegenseitigen rechtlich gefassten Verpflichtungssystemen (Rechtsordnungen) basieren, ergibt sich eine gewisse Widersprüchlichkeit zwischen beiden Perspektiven. Arendt hat dies die Aporien der Menschenrechte genannt, während Benhabib von einem Paradox spricht.

Diese und verwandte Begriffe werden jedoch in unterschiedlicher Weise und teils synonym verwandt (Kannetzky 2010: 1900; Brendel 2010a: 136). Daher ist nach ihrem Bedeutungsgehalt zu fragen. Am pragmatischsten erscheint es, zwischen konträren Aussagenpaaren (Gegensätzen) und kontradiktorischen Aussagenpaaren (Widersprüchen) zu unterscheiden (Pätzold 2010: 767). Im Falle von Widersprüchen muss logisch eigentlich eine der beiden Aussagen falsch sein. Eine Antinomie hingegen ist jedoch ein „widerspruchvolles Aussagenpaar, wobei jede Einzelaussage für sich genommen als gerechtfertigt und gültig erscheint" (Brendel 2010a: 128). Antinomie bezeichnet also zwei Aussagen, die einerseits kontradiktorisch und andererseits beweisbar sind.[37] Ein Paradox meint im Unterschied hierzu dann die Situation, in der beide Aussagen nicht logisch falsch sind, sondern lediglich aus richtigen Argumenten eine richtige Konklusion gefolgert wird, die aber der gängigen Meinung widerspricht (Kannetzky 2010: 1900). Das Paradox liefert – so gefasst – dann hier keinen hilfreichen Beitrag.

Arendts Kritik an dem Begriff der Menschenrechte richtete sich darauf, dass sobald der Mensch nur noch Mensch ist, ihm keine Rechte mehr zukämen. Dies ließe sich etwa so formulieren:

1. Menschen-Rechte sollten dem Menschen qua Menschsein zukommen.

[37] So lässt sich auch die Aporie definieren (Brendel 2010b: 136).

2. Solche Rechte können jedoch allein im Staat gewährleistet werden, der dies aber nur unter der Bedingung der Zugehörigkeit des Menschen, also des Bürgerstatus, tut. Ist der Mensch nur Mensch und kein Bürger, hat er keine Rechte.

Es handelt sich offenbar um zwei sich kontradiktorisch widersprechende Aussagen. Beide sind aus dem bisher Gesagten mit einer gewissen Überzeugungskraft begründet, daher kann man von einer Antinomie sprechen. Während die erste eine ethische Aussage ist, bezieht sich die zweite auf den Rahmen des konkret möglichen. Im Sinne von *ultra posse nemo obligatur* ergibt es dann keinen Sinn, die Umsetzung von Menschenrechten für ethisch verpflichtend zu halten, denn zu etwas, das unmöglich ist, kann niemand verpflichtet werden. Die Rede von Menschenrechten erscheint damit, wenn man die in den Aussagen enthaltenen Annahmen teilt, absurd.[38] Es kann stets nur um die Verwirklichung von Bürgerrechten gehen. Diese lassen sich logisch widerspruchsfrei begründen:

1. Bürger-Rechte sollten dem Menschen qua seines Bürgerstatus zukommen.

2. Solche Rechte können jedoch nur im Staat gewährleistet werden, der dies aber nur unter der Bedingung der Zugehörigkeit des Menschen, also des Bürgerstatus tut. Ist der Mensch Bürger, so hat er diese Rechte.

Dies gilt, insoweit der Bürgerstatus auf die Zugehörigkeit zu einer durch souveräne Macht geordneten Gemeinschaft verweist. Nur die souveräne Macht ist in der Lage, Verstöße gegen Rechte zu ahnden und

[38] Argumentiert man weniger begriffspedantisch, dann kann man den inneren Widerspruch der Menschenrechte aber auch positiv als ein Potenzial fassen. So meint etwa Habermas, Menschenrechte seien erst einmal nicht moralischer sondern juridischer Natur, da ihnen innerhalb des staatlichen Gefüges Durchsetzungskraft verliehen würde. Inhaltlich wiesen sie aber über den nationalstaatlichen Rahmen klar hinaus, in dem sie nicht auf Staatsbürger sondern auf Menschen referieren. Umso mehr sich der Rechtsstatus von Ausländern in einem Staat an den der Staatsbürger angleiche, umso stärker verwirkliche sich der über den nationalstaatlichen Rahmen hinausdeutende Gehalt der Menschenrechte. Mithin sei gar in den Menschenrechten angelegt, dass jeder ein Recht habe einem politischen Gemeinwesen anzugehören (Habermas 1996: 222-223). Habermas geht dann aber freilich davon aus, dass die politische Gemeinschaft Rechte für Außenstehende umsetzt. Auf die Frage, wie das gehen soll, bleibt er eine Antwort schuldig.

diese so zu garantieren. Nun können aber in einem solchen Gefüge nur solche Rechte garantiert werden, die den Staat nicht transzendieren. Dies trifft aber auf das ‚Recht' zur Zugehörigkeit zu einer Gemeinschaft zu. Der Bürgerstatus und die damit ermöglichten Bürgerrechte setzen die Zugehörigkeit schon voraus. Ein solches ‚Recht' kann daher nicht innerhalb des Staates garantiert werden und ist somit auch kein Recht im Sinne eines durch souveräne Gewalt gesicherten Anspruchs. Daher denken die hier bisher angeführten Autoren entsprechend auch weiter wie etwa Arendt in ihrem Hinweis auf das eine ‚Menschenrecht'. Mithin lässt sich nach Abtrennung des innerstaatlichen Teils der Rechte die obige Antinomie genauer formulieren:

1. Der Mensch benötigt die Mitgliedschaft in einer Gemeinschaft, um Rechte zu haben.
2. Der Mensch benötigt jedoch ein ‚Recht' auf Gemeinschaft, um Mitglied einer Gemeinschaft zu werden.

Damit ist meines Erachtens der Kern des hiesigen Problems formuliert. Befindet sich ein Mensch außerhalb aller Gemeinschaften – ist er also Staatenloser bzw. Geflüchteter – dann hat er weder Rechte noch Gemeinschaft, benötigt aber zumindest eins davon, um das andere zu bekommen. Beides – also Rechte und Gemeinschaft – ist aber notwendig, um ein gutes, selbstbestimmtes Leben zu führen. Freiheit und Wohlergehen (Gewirth) lassen sich allein mithilfe von Rechten sichern, die nur innerhalb einer Gemeinschaft garantiert werden können. Jeder Lösungsversuch muss auf dieser grundsätzlichen Antinomie aufbauen. Es mag nun gar irreführend sein, überhaupt noch von einer Lösung zu sprechen.

1.6 Kann es eine Lösung geben?

Wenn man die hier bisher zugrunde gelegten Annahmen teilt, dann lässt sich das Problem auf der Ebene der Rechte in der Tat nicht lösen. Zu diesen Annahmen gehört insbesondere, dass Normen nur in einem staatlichen Zwangssystem verbindlich – in Form von Rechten – umgesetzt werden können. Man könnte jedoch in der Tat einwenden, dass man sich damit von Carl Schmitt und Thomas Hobbes einen Bären hat aufbinden lassen. Offensichtlich gibt es internationales Recht und internationale Gerichte, die die hier bestimmten Rechte mit einer gewissen Wirksamkeit schützen. Auch könnte man etwa einwenden, dass sowohl im Staat als auch global die allermeisten Normen nicht durch Zwang, sondern durch Einsicht ihre Wirkung entfalten. Desweiteren ist es möglich, neben staatlichem Zwang andere Sanktionen wie sozialen Ausschluss und Missachtung mit einzubeziehen. Der Vorteil der hier bisher zugrundegelegten Betrachtung ist jedoch, dass sie eine sehr klare Sicht auf ein Problem eröffnet, dass meines Erachtens auch genau so existiert. Die Existenz von 3,5 Millionen Staatenlosen und 19,5 Millionen Flüchtlingen[39] sowie die Lebensbedingungen von vielen von ihnen beweisen, dass hier bisher keine ethisch zufriedenstellende Lösung etwa nach Maßstäben der AEMR oder Freiheit und Wohlergehen gefunden wurde.[40] Das zentrale Problem dieser Menschen liegt in dem Fehlen der Zugehörigkeit zu einer Gemeinschaft. Zwar mag die Verbesserung der Lebensbedingungen, vor allem wenn es um das Überleben geht, zunächst dringender sein und wichtiger erscheinen, doch ermöglicht keine humanitäre Hilfe die Aufnahme in irgendeine Gemeinschaft. Das zugrundeliegende Problem bleibt also ungelöst.

Wenn hier nun eine Aufweichung der bisherigen Annahmen stattfindet, dann mit der Intention, Lösungswege zu suchen. Grundsätzlich zeichnen sich dabei zwei einander entgegengesetzte Wege ab. Entweder alle Menschen müssen Teil einer Gemeinschaft werden, wobei der Weg dorthin durch die Antinomie nicht unmöglich, aber deutlich erschwert wird, oder aber die betroffenen Menschen stellen selbst den Keim einer ganz neuen Ordnung dar, welche die Grundannahmen, die zu der dargestellten Antinomie führten, auf den Kopf stellt. Diesem zweiten Weg folgt – wie bereits angedeutet – Agamben.

[39] UNHCR Global Trend Forced Displacement 2014, S. 2, `http://www.unhcr.org/556725e69.html`, zuletzt eingesehen 16.08.2015, 15:18. Die Zahl der Staatenlosen bezieht sich nur auf die Bekannten Fälle, eine darüber hinausgehende Schätzung beziffert sie auf 10 Millionen (S. 35-36). Die Zahl der Flüchtlinge bezieht sich auf anerkannte Flüchtlinge unter dem Mandat von UNHCR und UNWRA (zuständig für Palästinenser), sowie Menschen in flüchtlingsähnlichen Situationen, die von UNHCR betreut werden. Auch hier ist eine faktisch höhere Zahl denkbar.

[40] Weitere Indizien liefert der Anhang 1, auf den hier schon einmal verwiesen sei (siehe dazu Überleitung 1).

Die Lösung der Auflösung des Nationalstaates durch die Figur des Flüchtlings

Er möchte den Begriff des Geflüchteten von den Menschenrechten und dem Asylrecht lösen, da der Geflüchtete über beide nicht repräsentiert werden könne, und ihn als Grenzbegriff des Nationalstaats und zu einer Erneuerung der Kategorien des Politischen nutzen (Agamben 2006: 27). „Ehe in Europa wieder die Vernichtungslager öffnen [...] müssen die Nationalstaaten den Mut aufbringen, das Prinzip der Geburt und die darauf gründende Dreieinigkeit von Staat-Nation-Territorium in Frage zu stellen“ (Agamben 2006: 28). Agamben schlägt vor, statt der paradoxen Situation der Territorialität der Bürger und der Aterritorialität der Geflüchteten ein Verhältnis gegenseitiger Aterritorialität zu schaffen, in dem sich mehrere Gemeinschaften ein Territorium teilen. Als ein Beispiel nennt er etwa Jerusalem als gemeinsame Hauptstadt Israels und Palästinas auf seiner gesamten Fläche. Statt eines Europas der Nationen gäbe es dann eine Situation, in der sich die Bürger und Nicht-Bürger in einer stetigen Situation eines Exodus oder Refugiums befinden. Mit dieser Menge von Menschen könnte der Begriff Volk[41] als Contra zu dem Begriff Nation identifiziert werden. Der Raum auf dem dieses Volk lebt, sei dann „topologisch durchlöchert und miteinander verschränkt, wie bei einer Leidener Flasche oder einem Möbiusband, wo Außen und Innen einander unbestimmbar machen“ (Agamben 2006: 29). „Nur in einer Welt, wo die Räume der Staaten in dieser Weise durchlöchert und topologisch verformt worden sind und wo der Bürger gelernt haben wird, den Flüchtling zu erkennen, der er selbst ist, ist heute das politische Überleben der Menschen denkbar“ (Agamben 2006: 30).

Agamben stellt damit die Frage nach dem, was nach der Biopolitik, nach dem nationalstaatlichen Souveränitätsmodell kommt. Dies ist eine interessante Frage, jedoch erkenne ich bisher keine Ergebnisse, die so konkret sind, dass sie in einer Angewandten Ethik thematisiert werden können. Dieser Text zielt darauf, einen Lösungsvorschlag anzubieten, der jetzt umsetzbar erscheint. Schon dabei wird sich der Nationalstaat als solcher graduell verändern, wie er das bereits in vielen Bereichen tut, aber nicht auf die radikale Weise, die Agamben andeutet, wenn er

[41] Der Begriff Volk, so Agamben, enthalte die von ihm beschriebene biopolitische Trennung von Bürger und Nicht-Bürgern bzw. Repräsentierten und Nicht-Repräsentierten bereits in sich, enthalte sie also beide und eigne sich daher für eine neue politische Ordnung (Agamben 2006: 31-36).

die Zukunft des Politischen komplett aus dem Nationalstaat heraus auf diejenigen verschiebt, die aus ihm ausgeschlossen sind.

Die Kantische Lösung des Weltbürgerrechts

Mithin wird hier der erstere Lösungsweg weiterverfolgt. Einen Ansatzpunkt bietet *Immanuel Kant* mit seinem Vorschlag eines Weltbürgerrechts. Da Staaten schon nach innen rechtlich verfasst sind, seien sie dem Zwang Dritter, die sie unter eine weitere Verfassung bringen könnten, bereits entwachsen (Kant 2011: 25-29). Dennoch müssten für eine friedliche internationale Ordnung neben das Staatsrecht noch zwei andere Rechtsbereiche treten, nämlich das Völkerrecht (ius gentium) und das Weltbürgerrecht (ius cosmopoliticum), die dann aber auf freiwilliger Übereinkunft zwischen Staaten beruhen müssten. Während das Staatsrecht das Verhältnis von Menschen in einem Staat regelt und das Völkerrecht das Verhältnis zwischen Staaten, ergibt sich das Weltbürgerrecht aus dem bisher soweit noch nicht geregelten Verhältnis zwischen Staaten und einzelnen Menschen außerhalb des Staates. Während in den anderen Rechtsgebieten ein symmetrisches Verhältnis herrsche (Mensch-Mensch und Staat-Staat), regele das Weltbürgerrecht ein asymmetrisches Verhältnis (Mensch-Staat). In allen diesen Verhältnissen hegt das Recht die potenziellen Feindseligkeiten des Naturzustandes ein (Kant 2011: 249-250) – so auch im Weltbürgerrecht.

Es bedeutet für Kant „Hospitalität", also „das Recht eines Fremdlings, bei seiner Ankunft auf dem Boden eines andern wegen von diesem nicht feindselig behandelt zu werden. Dieser kann ihn abweisen, wenn es ohne seinen Untergang geschehen kann, solange er aber auf seinem Platz sich friedlich verhält, ihm nicht feindlich begegnet. Es ist kein Gastrecht, worauf dieser Anspruch machen kann [...], sondern ein Besuchsrecht, welches allen Menschen zusteht, sich zur Gesellschaft anzubieten vermöge des Rechts des gemeinschaftlichen Besitzes der Oberfläche der Erde" (Kant 2011: 30). Das Besuchsrecht erstrecke sich auf nichts weiter, „als auf die Bedingungen der Möglichkeit, einen Verkehr mit den alten Einwohnern zu versuchen" (Kant 2011: 31). Das Weltbürgerrecht umfasst also für Kant drei Elemente.

Erstens ist das Weltbürgerrecht zunächst ein umfassendes Kommunikationsrecht. Fremde dürfen aufgrund aller möglichen Anliegen mit anderen Gemeinschaften Kontakt aufnehmen, „sich zur Gesellschaft anbieten" (Kant 2011: 30, 251). Zweitens dürfen die Gastgeber jeden Gast wieder wegschicken, jedoch nur dann, wenn damit nicht eine Lebensgefahr für den Besucher einhergeht und dies im umfassenden Sinne, unabhängig davon, aus welchem Grund die Lebensgefahr droht. Drittens erwächst hieraus jedoch kein permanentes Bleiberecht. Damit bleiben dem befristet Aufgenommenen Staatsbürgerrechte wie politische Teilhabe und sozialstaatliche Leistungen dem Besucher verwehrt (Kant 2011: 252-253).

Bei der Interpretation dieser Konzeption ist jedoch auf den historischen Hintergrund zu achten, den Kant im Sinn hat. Er schreibt in der Zeit des europäischen Kolonialismus. Es geht ihm daher um die Etablierung, aber gleichzeitig auch um die unmittelbare Begrenzung des Weltbürgerrechts. Einerseits soll zwar Kontakt zwischen Einzelnen, die in der Fremde befristete Aufnahme finden möchten, und Völkern möglich sein, aber gleichzeitig geht es auch um die Abwehr von überzogenen (Besitz-)Ansprüchen der europäischen Kolonialisten (Kant 2011: 248-249). Kant argumentiert also gegen die aus seiner Sicht zu weit gehenden Verletzung der Selbstbestimmung politischer Gemeinschaften außerhalb Europas. Sein Hintergrund ist also ein ganz anderer als der hiesige. Deshalb meint Benhabib auch, dass aus Kants Modell u. U. ein umfangreicheres Weltbürgerrecht hergeleitet werden könnte (Benhabib 2008: 44-45). Zu thematisieren sei daher der für Kant „unüberbrückbare Abgrund" zwischen Besuchsrecht und dauerhaftem Gastrecht. Das Erste sei ein „Grundrecht", zu dem konkrete Gemeinschaften verpflichtet seien, das Zweite ein „Privileg", das einen „besonderen wohltätigen Vertrag" (Kant 2011: 30) erfordere (Benhabib 2008: 47). Man muss aber noch weiter gehen und sagen, dass sich aus der Tatsache, dass Kant von einem dauerhaften Gastrecht spricht, schon ergibt, dass Kant die Figur eines Menschen, der zu keiner Gemeinschaft gehört – der Staatenlose oder der Geflüchtete –, gar nicht im Sinn hat. Denn der Gast verbleibt bei seinem Gastgeber vielleicht auf Dauer, er gehört jedoch nicht wirklich zu der gastgebenden Gemeinschaft dazu, denn er ist ja Gast, kommt also eigentlich woanders her. Ansonsten wäre er nicht Gast, sondern Teil der Familie bzw. Mitglied der Gemeinschaft.

Was an Kant dennoch interessant bleibt, ist, dass er zum einen die Ebene des Weltbürgerrechts als eine Ebene, die genau den hier beschriebenen strukturellen Mangel zwischen ethischer Gemeinschaft und konkreter Gemeinschaft thematisiert, einführt. Zum anderen zeigt sich in der Auslassung der Staatenlosen, dass diese Ebene genau um diesen

Aspekt zu erweitern ist, um eine friedliche internationale Ordnung zu etablieren.[42] Im Hinblick darauf, dass Kant eine Zurückweisung von Fremden ablehnt, wenn damit deren Untergang verbunden ist, ist es mithin durchaus möglich, dass Kant, hätte er die Figur des Geflüchteten im Sinn gehabt, eine weitergehende Form von Aufnahme favorisiert hätte. Bezüglich der Durchsetzung des Weltbürgerrechts sieht Kant zwar die Möglichkeit, es durch den Völkerbund[43] rechtlich zu positivieren, jedoch gebe es keine völkerrechtliche Zwangsinstanz, weshalb die einzige Möglichkeit, das Weltbürgerrecht mit Zwang zu versehen, eine Regelung innerhalb des Staatsrechts sei (Kant 2011: 265). Mit diesem Hinweis stelle sich aber die Frage, wie sich unter der Prämisse der Freiwilligkeit, die für das Weltbürgerrecht gilt, eine solche gesetzlich verbindliche Regelung schaffen lasse (Benhabib 2008: 39). Und das ist in der Tat eines der wesentlichen Probleme, an denen sich bezüglich der Frage der Umsetzung abzuarbeiten sein wird.

Die Lösung durch demokratische Iterationen

Einen weiteren Ansatzpunkt könnten die Ausführungen von Benhabib darstellen. Benhabib teilt im Wesentlichen die hier hergeleitete Diagnose, dass nur ein Staat seinen Bürgern Bürgerrechte verleihen kann und so notwendigerweise die Ausgeschlossenen rechtlos dastehen. „Flüchtlinge und Asylsuchende leben an den Grenzen unserer Rechtsordnungen und decken den blinden Fleck unseres Rechtssystems auf, an dem sich

[42] Bezüglich der normativen Grundlage des Weltbürgerrechts vertrete ich damit übrigens auf der Linie der bisherigen Argumentation eine Auffassung, die es als Ausdruck der Mitgliedschaft in einer weltumspannenden Gemeinschaft interpretiert. Dies sieht etwa auch Habermas so: „Die Pointe des Weltbürgerrechts besteht vielmehr darin, dass es über die Köpfe der kollektiven Rechtssubjekte durchgreift und für diese eine nicht-mediasierte Mitgliedschaft in der Assoziation freier und gleicher Weltbürger begründet" (Habermas 1996: 210-211). Diese Auffassung ergibt sich jedoch kaum aus dem Text und gegen sie spricht, dass für Kant Mitgliedschaft stets auch mit Teilhabe an der Gesetzgebung einhergeht, was hier freilich genau nicht der Fall ist. Kant verweist vielmehr direkt auf die Begrenztheit der Erdoberfläche als Grund des Weltbürgerrechts. Jeder Mensch habe ursprünglich ein Anrecht auf einen gleichen Teil der Erdoberfläche, was jedoch durch die auf arbiträre Weise zustande gekommene Grenzen verhindert werde. Darauf reagiere das Weltbürgerrecht (Kant 260-264). Dieser Ansatz ist jedoch von dem einer ethischen Weltgemeinschaft gar nicht so weit entfernt, geht er doch von gleichen ursprünglichen Ansprüchen aus, die alle Menschen teilen, und dem zugrunde liegenden gemeinsamen Besitz der Erde aus.

[43] Völkerbund im Sinne von Kants Konzept des Völkerbundes. Heute würde man entsprechend an die Vereinten Nationen denken.

Rechtstaatlichkeit in ihr Gegenteil verkehrt: in einen Ausnahmezustand unter permanenter Androhung von Gewalt“ (Benhabib 2008: 161). Im Gegensatz zu Arendt, Agamben und Lakitsch richtet sie ihren Blick jedoch nicht auf den immer neuen Ausschluss von Menschen, sondern erzählt eine Geschichte mit positivem Ausblick, in der immer mehr Menschen in den Bürgerstatus mit aufgenommen werden, wie etwa Sklaven, Frauen, Andersfarbige etc. Diese Erfolgsgeschichte möchte Benhabib fortführen. Hierfür beschreibt sie einerseits das Konzept der demokratischen Iterationen und plädiert andererseits für eine Art globalen Föderalismus bzw. das System einer Mehrebenensolidarität.

Benhabib hält Menschenrechte und demokratische Solidarität für unvereinbar, jedoch könne das Verhältnis zwischen beidem durch sog. „demokratische Iterationen“ stets neu ausgehandelt und die Spannung somit abgeschwächt werden (Benhabib 2008: 31). Dies sind „komplexe öffentliche Debatten, Verhandlungen und Lernprozesse, in denen Institutionen des Rechts und der Politik und die Öffentlichkeit über universalistische Rechtsansprüche streiten, sie kontextualisieren, verteidigen und reformieren“ (Benhabib 2008: 30). Der Begriff Iteration verweist dabei darauf, dass in einer Wiederholung eines Begriffes stets keine exakte Reproduktion seines Gehalts, sondern eine Variation seiner Bedeutung stattfindet. Jede Iteration führt also zu einer Variation (Benhabib 2008: 175-176). Entsprechend dem oben Ausgeführten geht Benhabib davon aus, dass in solchen Prozessen die Frage der Mitgliedschaft zur Gemeinschaft immer neu ausgehandelt wird und dabei aber tendenziell mehr Menschen mit einbezogen werden können (Benhabib 2008: 174).

Benhabib ist hier allerdings vorzuhalten, dass sie auf einer recht diffusen Position weitestgehend stehenbleibt.[44] Einmal ist vor dem Hintergrund der Ausführungen von Agamben und Lakitsch überhaupt nicht klar, ob diese Verhandlungsprozesse, die sie beschreibt, nicht auch wieder in eine weniger menschenrechtsfreundliche Richtung führen können. Zum anderen drückt sie sich im Verhältnis zur sonst von ihr vertretenen habermasschen Diskursethik nicht klar aus. Entweder die Einbürgerungsregelungen leiten sich aus dem Prinzip der kommunikativen Freiheit her, was sie aus Sicht der Diskursethik zwingend machen würden, oder sie leiten sich nicht klar daraus her, dann ließe sich in der Tat nur

[44]Das Konzept der demokratischen Iterationen ist tatsächlich der Endpunkt von Benhabibs Ausführungen in „Die Rechte der Anderen“, nicht der Ausgangspunkt, wozu es vielleicht eher taugen würde.

eine Richtung und ein Gestaltungsspielraum angeben. Für beide Positionen lassen sich bei Benhabib finden – die letztere in ihrem Konzept demokratischer Iterationen. Darüber hinaus steckt in der Aussage, dass in einer Demokratie Regelungen neu ausgehandelt werden – „jurisgenerative Debatten" (Benhabib 2008: 177) – auch kaum eine Neuigkeit, sondern dies ist eher ein allgemein bekanntes Prinzip. Es handelt sich mithin eher um eine etwas komplexe Umschreibung des Prinzips deliberativer Demokratie.

Die Lösung durch ein weltweites föderales Mehrebenensystem

Das inhaltliche Ziel von Benhabib liegt vielmehr in der Idee einer Etablierung einer föderalen, im Sinne von mehrstufigen, internationalen Ordnung. Benhabib geht zwar davon aus, dass der Nationalstaat weiter Hauptreferenzpunkt dieser Ordnung bleiben wird, jedoch werde dieser schwächer (Benhabib 2008: 18) und sei nunmehr ein Akteur unter vielen (Benhabib 2008: 105). Sie sieht ein liberales internationales Souveränitätsmodell aufziehen, dass auf einem Bekenntnis zu „Menschenrechten, der Rechtsstaatlichkeit und der Demokratie" aufbaue und in dem Souveränität nicht mehr „uneingeschränkte und willkürliche Autorität" bedeute (Benhabib 2008: 49). So seien Ausländer zumindest in demokratischen Staaten heute nicht mehr Rechtlose, sondern würden teilweise bürgerliche und politische Recht besitzen (Benhabib 2008: 126). Es sei nun die Herausforderung, eine internationale Ordnung zu entwickeln, die den Anspruch auf Zugehörigkeit nicht mehr nur an Nationalität und Staatsangehörigkeit koppelt (Benhabib 2008: 73).[45]

In einer internationalen Ordnung mit vielen Akteuren würden Bürgerrechte diversifiziert und so der Mensch in die Lage versetzt, „mul-

[45] So sieht das etwa auch Habermas. Nationalstaat bedeute, einen engen Zusammenhang zwischen Ethnos und Demos zu setzen, der aber nur vorübergehend sei. Beide Aspekte seien begrifflich vielmehr schon immer getrennt gewesen (Habermas 1992: 637). Staatsbürgerschaft regele erst einmal nur die Zuordnung von Personen zu einem Staatsvolk. Die hierzu genutzten Merkmale – im Wesentlichen Wohnsitz(ius soli) und Geburt (ius sanguinis) – seien zunächst administrativer Natur zur „Zuschreibung einer unterstellten impliziten Zustimmung, mit der das Recht auf Auswanderung oder auf den Verzicht der Staatsangehörigkeit korrespondiert" (Habermas 1992: 639). „Heute, da sich der Nationalstaat im Inneren durch die Sprengkraft des Multikulturalismus, von außen durch den Problemdruck der Globalisierung herausgefordert sieht, stellt sich die Frage, ob es für das Junktim von Staatsbürger- und Volksnation ein ebenso funktionales Äquivalent gibt" (Habermas 1997: 141). Das wäre für Habermas wohl der noch zu thematisierende Verfassungspatriotismus.

tiple Loyalitäten und grenzüberschreitende Netzwerke" zu entwickeln. „Solche multiplen Loyalitäten zu unterschiedlichen sprachlichen, ethnischen, religiösen und nationalen Gemeinschaften bestärken die kosmopolitische Auffassung von der Welt als einer einzigen, globalen Polis" (Benhabib 2008: 171). Einer der Akteure jenseits des Nationalstaats sei etwa die Europäische Union. Hier finde eine Entkopplung von Staatsangehörigkeit und Bürgerrechten statt, die ein „gutes Beispiel für diese Entwicklung hin zu Formen postnationaler Solidarität" (Benhabib 2008: 32) sei. Nussbaum, die ebenso die Idee eines Mehrebenensystems, in dem Rechte auf verschiedenen Ebenen gesichert werden[46], vertritt, führt etwa weitergehend die AEMR an und meint, dass die hier zugrunde gelegten Prinzipien „nach und nach als Grundlagen internationaler Abkommen, Institutionen und Organisationen ins Zentrum gerückt sind" (Nussbaum 2010: 417). Für ein solches Mehrebenensystem kämen also zumindest eine globale, eine regionale (EU, AU, AL, ASEAN etc.), und eine nationale Ebene in Frage.

Ich habe nicht die Kenntnis und hier wäre auch nicht genügend Raum, diesen Ansatz hier adäquat zu beurteilen. Aber man muss wohl einerseits sehen, dass die Idee der Menschenrechte in zahlreichen nationalen und internationalen Fragen eine Rolle spielt und hierin ein bedeutender ethischer Impetus steckt. Auch ist die Idee der Menschenrechte in zahlreichen internationalen Statuten festgehalten.[47] Andererseits muss auch gesehen werden, dass die AEMR als von der Generalversammlung der Vereinten Nationen verabschiedete Resolution rechtlich nicht bindend ist. Und die Unionsbürgerschaft der EU tritt lediglich akzessorisch zu den Staatsbürgerschaften der Mitgliedsstaaten hinzu, ersetzt sie aber nicht (Art. 9 Abs. 2, 3 EUV). Die Frage der Staatsbürgerschaft bleibt also – zumindest was die Einbürgerung betrifft – bisher komplett in den Händen der konkreten politischen Gemeinschaften. Es kann also keinen Menschen geben, der Unionsbürger ist und nicht gleichzeitig Bürger eines Mitgliedsstaates. Erst wenn dies möglich wäre, würde es sich um eine in der Tat sehr beachtenswerte Entwicklung handeln.

[46] Bzw. bei Nussbaum freilich Fähigkeiten gefördert: „*Gerechtigkeit* wird *innerhalb verschiedener Beziehungen* verwirklicht, da Verantwortlichkeiten für die Förderung menschlicher Fähigkeiten einer großen Bandbreite unterschiedlicher globaler und einzelstaatlicher Strukturen zugeschrieben werden" (Nussbaum 2010: 440).

[47] Man denke für Europa nur an den EU-Grundrechtecharta der EU sowie Europäische Menschenrechtskonvention des Europarats.

Darüber hinaus sollte das Ziel von Nussbaums und Benhabibs Überlegungen nur ein solches Mehrebenensystem und kein Weltstaat sein. Das Problem der Geflüchteten würde durch einen Weltstaat, wie auch Nussbaum (1.3) und Kant meinen, nicht gelöst. Das liegt nach der hier vertretenen Theorie daran, dass Staaten, wenn sie stets auf der souveränen Entscheidung, wer dazugehört und wer nicht, ruhen, auch der Weltstaat eine solche Entscheidung treffen muss. Mithin wären dann wohl fast alle Menschen im Weltstaat, aber die vom Weltstaat Ausgebürgerten träfe dasselbe Los wie in einem Mehrstaatensystem. Ja noch schlimmer, bürgerte der einzige vorhandene Staat aus, dann gäbe es mit Sicherheit keinen anderen, der zu einer Aufnahme in der Lage wäre. Das Problem der Verbannten wäre nur verschärft und nicht gemildert.

Ein Mehrebenensystem in Bezug auf Einbürgerung ist also einerseits nicht in Sicht, andererseits erscheint auch fraglich, ob ein System, in dem etwa sowohl EU als auch Mitgliedsstaaten eine gegenseitig verbindliche Staatsbürgerschaft erteilen können, funktioniert. Im Hinblick auf den Gerechtigkeitsgrundsatz der Gleichbehandlung erscheinen zumindest im Sinne einer ersten Betrachtung einheitliche Regelungen wünschenswert, womit aber auch eine gemeinsame und damit souveräne Entscheidung nötig wäre. Über ein solches Mehrebenensystem hinaus würde es weiterhin Sinn ergeben, nicht in Ebenen zu denken, sondern, wie Benhabib und Nussbaum auch andeuten, in anderen Modi der Verbindung von Souveränität, Rechten und Mensch. Dann aber wäre man wieder sehr nah an Agamben und müsste zunächst ein alternatives Modell internationaler Ordnung entwickeln.[48]

Neben dem bisher Beschriebenen vertritt Benhabib wie gesagt auch eine habermassche Diskursethik im engeren Sinne. Der Vorteil liegt hier darin, dass sie das Diskursprinzip im Hinblick auf Flucht und Migration ausformuliert: „Wenn du und ich einen moralischen Dialog miteinander führen, und ich im Gegensatz zu dir ein Angehöriger

[48] Und das ist zwar gewiss möglich, aber hier nicht das Ziel. Dennoch sei ein kurzer Blick darauf geworfen: Momentan ist Souveränität mit Territorium und Mensch verknüpft. Die Hereinnahme des Menschen durch die Déclaration des droits de l'homme et du citoyen nennt Agamben Biopolitik. Zuvor sei es so gewesen, dass Souveräniät nur mit dem Territorium verknüpft gewesen sei. Jeder, der sich auf dem Territorium eines Staates befände, unterläge damit seiner Souveränität. Dahin ließe sich hypothetisch zurückkehren. Alternativ könnte es aber auch so sein – und das könnte Agambens Stoßrichtung sein – dass Souveränität nur mit dem Menschen und nicht mehr mit einem Territorium verknüpft würde. Menschen könnten dann ohne ihren Ort zu wechseln ihren Staat wechseln. Darüber, ob einer dieser zwei Wege oder gar ein ganz anderer gangbar sein könnte, möchte ich hier nicht entscheiden.

des Staats bin, dessen Staatsangehörigkeit bzw. Bürgerrechte du erwerben willst, dann müßte ich, um dir das zu verwehren, mit guten, für uns beide gleichermaßen akzeptablen Gründen nachweisen können, daß du dich unserer Gemeinschaft keinesfalls anschließen und einer von uns werden darfst. Es muß sich dabei um Gründe handeln, die du akzeptieren würdest, wenn du in meiner Situation wärest und ich in deiner“ (Benhabib 2008: 137).[49] Kriterien, die bestimmte Menschengruppen grundsätzlich von der Staatsbürgerschaft ausschließen, fielen damit raus. Akzeptabel hingegen erscheinen Benhabib etwa der Nachweis bestimmter Qualifikationen, Fähigkeiten oder Ressourcen (Benhabib 2008: 138-139). Grundsätzlich sei es jedoch so, dass sich aus einer so gefassten Diskursethik ergäbe, dass jedem Einwanderungsinteressierten eine Einwanderung prinzipiell offenstehen müsse (Benhabib 2008: 139). Ob dieses Ergebnis in der Tat für alle Menschen zutrifft, wird innerhalb der nun zu erörternden Ethik die Aufnahme zu klären sein. Die von Benhabib formulierte hypothetische Diskurssituation stellt dabei aber den relevanten Rahmen für valide ethische Argumente zwischen Mitgliedern einer ethischen Weltgemeinschaft dar, die auf die Verwirklichung von Menschenwürde und Bürgerrechten für alle hinarbeitet.

[49] So sieht das im Wesentlichen auch Habermas selbst, siehe 1.2.

Erste Überleitung

Luans und Khalids Anliegen fallen also im kantischen Sinne in den Bereich des Weltbürgerrechts. Sie sind Einzelpersonen – bzw. in Luans Fall eine Familie –, die gegenüber einer konkreten Gemeinschaft, einem Staat auftreten. Sie sind zwar nicht staatenlos und auch mag ihre Staatsangehörigkeit im Asylverfahren zumindest mittelbar eine Rolle spielen, doch ihr Staat, also Albanien oder Syrien, tritt nicht als Staat an die BRD heran, sondern sie selbst als Menschen. Sie sind Geflüchtete und als solche verzichten sie in gewissem Sinne auf den Schutz ihres Staates. Im Falle von Khalid ist es gar so, dass Syrien offenbar zu einem Schutz gar nicht in der Lage wäre und selbst wenn noch weniger willens ist, so etwas wie Schutz zu gewähren. Vielmehr droht Khalid Folter und Strafe bei einer Rückkehr. Luan und seine Familie werden von ihrem Staat zwar nicht bedroht, doch ermöglicht er ihnen – so könnte man argumentieren – kein menschenwürdiges Leben.

Dennoch ist die Situation der beiden besser als die von zahlreichen anderen Geflüchteten in Europa. Sie sind zumindest schon insoweit Teil der deutschen Rechtsgemeinschaft geworden, als ihnen das Recht zugestanden wurde, Antrag auf Asyl zu stellen. Man kann in dem Sinne also nicht davon sprechen, dass sie sich in Agambens Ausnahmezustand befinden. Es gibt jedoch in Europa tatsächlich zahlreiche Anzeichen dafür, dass andere Geflüchtete sich in einer Situation befinden, die dem Ausnahmezustand sehr nahe kommt, die also mit Lakitsch gesprochen im Staatsrand leben, in dem ohne rechtliche Vermittlung Gewalt gegen sie ausgeübt wird (siehe Anhang 1[50]). Überall da, wo etwa Grenzen errichtet werden oder Boote im Meer zurückgedrängt werden, um Menschen daran zu hindern auf das Territorium der EU zu gelangen, wird die-

[50]Die Europakarte in Anhang 1 gibt eine Übersicht über Situationen, die in den Medien oder durch EU-Agenturen beschrieben wurden, die dem Ausnahmezustand bzw. dem Staatsrand sehr nahe kommen.

sen Menschen der Weg in die Gemeinschaft über einen Asylantrag ohne rechtliche Vermittlung, sondern direkt mit nötigender Gewalt versperrt. Überall dort, wo sich Menschen ‚illegal' aufhalten, fallen sie teilweise aus dem Rechtssystem heraus. Überall dort, wo Behörden und Polizei faktisch überfordert sind, das Recht ihres Staates adäquat umzusetzen, droht Recht zu reiner Gewalt zu werden. Und zuletzt insbesondere überall dort, wo Menschen sich tatsächlich ‚zwischen' Staaten befinden, sich also keine staatliche Einrichtung für sie zuständig fühlt, befinden sie sich in einer rechtlosen Zone des Ausnahmezustandes. Die meisten dieser Situationen sind von Seiten europäischer Staaten vielleicht nicht beabsichtigt oder werden zumindest nicht bewusst herbeigeführt. Das ändert freilich nichts an ihrer Existenz und an der Notlage, die sie hervorrufen.

Diejenigen, die von den Behörden eines EU-Mitgliedsstaates also erfasst werden, und einen Asylantrag stellen können, befinden sich zunächst in einer besseren Lage. Schon durch die Einräumung der Möglichkeit eines Asylantrags hat sich der entsprechende Staat ein Stück weit ihrer angenommen. Nach dem bisher Gesagten müsste nun, um Khalid oder Luan in einem Asylverfahren abweisen zu können, ein Argument gefunden werden, dass sowohl für die Beiden als auch für den aufnehmenden Staat akzeptabel wäre.

2. Teil Ethik der Aufnahme

Die bisher erarbeiteten Grundlagen für eine Ethik der Aufnahme umfassen also das Weltbürgerrecht als Regelungsmaterie für das Verhältnis eines Menschen außerhalb der Gemeinschaft zur Gemeinschaft bzw. zum Staat. In dieses soll die Figur des Geflüchteten, die Kant offenbar nicht bedacht hat, integriert werden. Dies soll auf eine Weise geschehen, die diskursiv gegenüber allen Beteiligten vertretbar ist.

Die Ethik der Aufnahme entsteht im Folgenden in drei Schritten. *Erstens* geht es um den Anspruch auf Zugehörigkeit zu einer Gemeinschaft, der jedem Menschen zukommt. Das ergibt sich im Wesentlichen aus der bis hierher vorgetragenen Problemdiagnose. Daraus ergibt sich aber mitnichten ein Anspruch auf offene Grenzen und globale Freizügigkeit. Dennoch gibt es eine sehr große Menge von Menschen, die aufgrund dieses Anspruchs Aufnahme in anderen Gemeinschaften finden sollten. *Zweitens* ist zu fragen, inwieweit es Beschränkungen für Zuwanderung aus Sicht einer Gemeinschaft geben sollte. Das hängt sehr von dem Verständnis dessen ab, was eine Gemeinschaft ausmacht. *Und drittens* soll ausgeführt werden, welche Kriterien für die Auswahl von Einwanderern unter der Menge der Einwanderungsinteressierten tauglich sind.

2.1 Der Anspruch auf Zugehörigkeit zu einer Gemeinschaft

Der Anspruch auf Zugehörigkeit zu einer Gemeinschaft ergibt sich – um das bisher Gesagte auf den Punkt zu bringen – daraus, dass es für die Gemeinschaft aller Menschen ethisch geboten ist, allen Menschen grundlegende Rechte zu verleihen (1.1, 1.2), diese jedoch nur in konkreten, begrenzten Gemeinschaften verwirklicht werden können (1.3, 1.4) und daher, um das erste Ziel zu erreichen, sichergestellt werden muss, dass jeder Mensch Zugang zu einer Gemeinschaft erhält. Da dies aber nur durch konkrete Gemeinschaften möglich ist, die nur ethisch, aber nicht unbedingt rechtlich im Sinne der ethischen Weltgemeinschaft verpflichtet sind, spreche ich hier von einem (ethischen) Anspruch, der sich aus der Menschenwürde ergibt, und nicht von einem (juristischen) Recht.[51]

Unklar ist bisher aber geblieben, was genau der Gehalt eines solchen Anspruchs wäre. Einige sehr hilfreiche Differenzierungen nimmt hier *Peter Schaber* vor. Er argumentiert, dass der Inhalt eines Rechts auf Einwanderung von dessen Begründung abhänge (Schaber 2012: 186). Schaber unterscheidet drei Begründungen. Erstens könne es um die Möglichkeit einer freien Lebensgestaltung (liberales Argument) gehen, zweitens darum, durch Bewegungsfreiheit Menschen die gleichen Chancen zu geben, ein gutes Leben zu führen (egalitaristisches Argument), und drittens darum, das allgemeine Wohl der Menschen zu erhöhen (utilitaristisches Argument) (Schaber 2012: 188-190). Aus den drei Begründungen folgen nun für Schaber unterschiedliche Rechte. Die liberale Begründung führe zu einem allgemeinen Migrationsrecht, da es hier auf ein allen Menschen zukommendes Selbstverfügungsrecht ankomme. Bei der egalitären Sichtweise dürften nicht alle, sondern nur die benachteiligten Menschen migrieren. Im utilitaristischen Fall dürften nur die Menschen migrieren, die durch ihre Migration die Gesamtwohlfahrt steigern (Schaber 2012: 190-192).

Aus dieser Differenzierung folgt erstens, dass es für ein allgemeines Recht auf globale Freizügigkeit nur eine schwache Argumentationsgrundlage gibt. Denn aus der liberalen Begründung, die einzig zu einem solchen Recht führt, ergibt sich nur ein Recht, dort zu leben, wo man möchte, und nicht auch soziale oder politische Rechte an diesem Ort. „Die Erlaubnis, mein Leben am Ort meiner Wahl zu führen, erlegt anderen keine positive Pflichten auf, sondern bloß negative, nämlich im Kern die, den Migranten nicht an der Ausübung seines Rechts zu hindern, sich dort niederzulassen, wo er sich niederlassen will“ (Schaber 2012: 187). Darum geht es in der gesamten Debatte um Geflüchtete freilich gar nicht und auch die Geflüchteten selbst sind wohl nicht nur an einem schlichten Da-Sein, sondern auch an Teilhabe und Möglichkei-

[51] Das gilt freilich auch für viele andere hier von zu Rate gezogenen Autoren benannte ‚Rechte‘, die daher manchmal im Anführungszeichen auftreten, oft aber im Sinne einer Übernahme der Terminologie des jeweiligen Autors einfach Rechte bleiben.

ten der Lebensgestaltung interessiert. Vertritt man aber ein Migrationsrecht in der Absicht das Leben von Benachteiligten zu verbessern, dann vertritt man stets nur ein beschränktes Recht auf Migration, nämlich nur für diejenigen Menschen, die auch wirklich benachteiligt sind (Schaber 2012: 194). Damit sind aber völlig offene Grenzen quasi vom Tisch. So argumentiert auch Miller, wenn er zwischen durch Rechte zu schützende Freiheiten und bloßen Freiheiten, die für Menschen nur ‚irgendwie gut'[52] sind differenziert (Miller 2012: 49) und dann feststellt, dass ein allgemeines Migrationsrecht nur aus einem Interesse an einem irgendwie Guten begründet werden könne, da die allermeisten Staaten grundsätzlich dazu in der Lage seien, ihren Bürgern grundlegende Rechte zu gewährleisten. Hingegen sei ein Migrationsrecht, wenn es über Not begründet wird, ein Ersatzrecht dafür, dass die grundlegenden Rechte eines Menschen in seinem bisherigen Aufenthaltsland nicht erfüllt werden können. In diesem Fall helfe u. U. nur Migration (Miller 2012: 51).[53]

Zweitens zeigt Schabers Argument die Zielgruppe und auch den Inhalt für einen Anspruch auf Aufnahme. Aus dem Argument, dass jeder Mensch einen Anspruch auf Zugehörigkeit hat, ergibt sich freilich, dass sich dieser Anspruch nur für diejenigen, die nicht schon in einer Gemeinschaft sind, die ihnen auch zugemutet werden kann, zu einem Anspruch auf Aufnahme wird. Inhaltlich führt das nicht nur wie im Falle eines liberalen Arguments zu einem bloßen Zuzug und auch nicht im Sinne des egalitären Arguments (nur) zum Zweck der Steigerung des Lebensstandards. Vielmehr geht es um das, was den betroffenen Menschen fehlt, nämlich die Möglichkeit der Teilhabe an der kollektiven

[52] ‚Irgendwie gut' meint Miller im Sinne von irgendwie gut sei es für jeden, sich einen Aston Martin kaufen zu können.

[53] Zur Untermauerung ein Gedankenspiel: Was wäre, wenn eine sehr große Zahl von Europäern, etwa Franzosen oder Briten verlangen würden, in der Schweiz oder in Norwegen dauerhaft leben zu dürfen. Das BIP pro Kopf ist in der Schweiz und Norwegen deutlich höher, mithin wünschen sie sich die Menschen einen besseren Lebensstandard. Oder gar umgekehrt, die Schweizer und Norwegen halten das Wetter und die Landschaft in Frankreich und Großbritannien für schöner und verlangen dort wohnen zu können – vielleicht gar begleitet von Gentrifizierung, da sie im Durchschnitt mehr Geld haben. Hier fragt sich, ob das Selbstbestimmungsrecht dieser Gemeinschaft nicht vielleicht gewichtiger wirkt als der Wille der zahlreichen einzelnen Briten, Franzosen, Schweizer und Norweger. Sicherlich wird das so nicht passieren, aber es ist offensichtlich, dass solche Fragen im Verhältnis zur Frage, inwieweit man einer ebenso großen Zahl von Menschen aus einem Bürgerkrieg helfen sollte, völlig banal und absurd wirken. Mithin: Es geht nicht um reine Freizügigkeit, es geht um Aufnahme derjenigen, die Aufnahme benötigen.

Selbstbestimmung einer Gemeinschaft. Das aber schließt grundsätzlich den vollen Bürgerstatus mit ein.

Zu diesem Ergebnis kommt auch *Michael Walzer*. Auch er sieht seiner deutlich kommunitaristischen Haltung, dass solche Menschen, die keine Gemeinschaftszugehörigkeit haben, aufgenommen werden sollten (Walzer 2006: 88).[54] Zu dem Schluss, dass jede Aufnahme auch eine Einbürgerung sein sollte, kommt er jedoch gerade aufgrund seiner kommunitaristischen Haltung. Denn bei der Frage der Einbürgerung käme es nicht mehr auf gegenseitige Hilfeleistung an, sondern auf politische Gerechtigkeit (Walzer 2006: 103). „Die Selbstbestimmungsprozesse, vermittels deren ein demokratischer Staat sein Binnenleben gestaltet und organisiert, müssen alle Männer und Frauen, die auf seinem Territorium wohnhaft sind, mit ihrer Arbeit zum Fortkommen der lokalen Wirtschaft beitragen und der gleichen Lokalgesetzgebung unterstehen, gleichermaßen einbegreifen" (Walzer 2006: 104). Mithin könne es zwar gewisse Zeit- und Qualifikationsbeschränkungen geben, jedoch würde eine dauerhafte Sperrung der Einbürgerung der politischen Gerechtigkeit eindeutig widersprechen. Die Etablierung dauerhafter Statusunterschiede etwa zwischen Bürgern und Fremden oder Gästen würde dem Wesen des demokratischen Staates wiedersprechen, nach dem alle, die der Gesetzgebung unterworfen sind auch ein gleiches Mitspracherecht bezüglich dieser haben müssen (Walzer 2006: 105).

Demgegenüber geht Miller zwar auch davon aus, dass Geflüchtete im Sinne von Menschen, deren „Rechte auf das Lebensnotwendige" nicht erfüllt sind, aufgenommen werden müssen, jedoch ergäbe sich hieraus nur ein vorübergehendes Recht zum Aufenthalt. Nur wenn das Vorübergehende sehr lange werde, hätten die Menschen ein Recht, „etwas aus ihrem Leben zu machen" und dann vollen Bürgerstatus zu erhalten, wenn ihre Rückkehr ausgeschlossen sei (Miller 2012: 61, 63).

Die hier betrachtete Situation der mangelnden Zugehörigkeit zu einer Gemeinschaft ist jedoch in der Regel gerade keine vorübergehende, weshalb damit auch Miller im Ergebnis für eine Einbürgerung sprechen würde. Einzig die Frage, in was für einem Zeitraum nach der Einreise eine Einbürgerung stattfinden sollte, bleibt damit noch offen. Anhaltspunkte könnten hier etwa die Zeiträume geben in denen politische

[54] Dies jedoch nur unter der Voraussetzung, dass die Anzahl der Fälle gering ist. „Dennoch bleibt das Recht, dem Strom Einhalt zu gebieten, ein Konstituens von gemeinschaftlicher Selbstbestimmung", um das spezielle Wesen der Gemeinschaft zu schützen (Walzer 2006: 92).

Partizipation möglich ist, also die Abstände zwischen Wahlen, oder aus Sicht des Einreisenden der Zeitraum, der im Bezug auf die eigenen Lebensverwirklichung, um die es bei der Aufnahme ja geht, nicht verloren gehen sollte. Ersterer Zeitraum verweist für die BRD auf einen Zeitraum von bis zu vier Jahren[55], in denen sich die eingereiste Person mit dem politischen Verfahren und den Akteuren vertraut machen kann. Zweiterer Zeitraum verweist eher auf ein ‚So schnell wie möglich'. Freilich ist auch ein mehrstufiges Verfahren denkbar. So schlägt etwa Lesch eine stufenweise Einbürgerung mit kommunalem Wahlrecht beginnend und mit dem Status der Staatsbürgerschaft endend vor. Die Kommune bzw. die Stadt sei dabei ein gutes „Experimentierfeld" für eine politische Öffnung, da hier intensiver Kontakt ökonomischer und kultureller Art stattfinde (Lesch 1999: 300-301).

Festzuhalten bleibt bis hierher zumindest, dass es bei der Ethik der Aufnahme nicht um vorübergehenden Schutz geht, sondern um volle Aufnahme, um Verleihung der Staatsbürgerschaft. Nur sie kann die Situation des Staatenlosen bzw. Geflüchteten wirklich verändern. Bezüglich der verschiedenen Formen der Einbürgerung sollte also neben die verschiedenen Ausprägungen und Kombinationen von ius sanguinis und ius soli so etwas wie ein ius necessitatis – eine Einbürgerung aufgrund einer Notlage – treten.[56]

2.2 Die Restriktion der öffentlichen Ordnung und das Argument des Selbstverständnisses der Gemeinschaft

Nachdem nun klar ist, dass es aus Perspektive des Geflüchteten einen Anspruch auf Aufnahme gibt, ist zu diskutieren, inwieweit dieser Anspruch u. U. aus der Perspektive der aufnehmenden Gemeinschaft Gren-

[55] Dahinter steht die Idee, dass es sinnvoll sein könnte, dass ein Einwanderer zunächst einmal den gesamten demokratischen Prozess miterlebt, bevor er daran teilnimmt.

[56] Auf eine solche Einbürgerung würde dann auch wieder das von Agamben kritisierte Vertragsmodell der politischen Gemeinschaft besser passen. Tatsächlich ist es aus dem Vertragsgedanken heraus paradox, dass die Mitglieder qua Geburt diesen Ursprung nicht wahrnehmen müssen um hereinzukommen, mithin nie irgendwie einen Vertrag akzeptieren. Auf die später Hinzukommenden passt die Bezeichnung Vertrag viel besser, denn von ihnen wird durchaus die Hingabe an die gemeinsamen Grundsätze bzw. die „Wertschätzung des Gesellschaftsvertrags" verlangt (Lesch 1999: 292-293).

zen findet. Offensichtlich ist, dass die Gemeinschaft nicht dazu verpflichtet werden kann etwas zu tun, was sie nicht leisten kann (ultra posse nemo obligatur). Jedoch ist die Wahrnehmung dessen, was bezüglich Geflüchteten geleistet werden kann, durchaus sehr unterschiedlich. Natürlich ‚kann‘ Deutschland in einem gewissen Sinne alle 450.000 in diesem Jahr erwarteten Asylbeantragenden aufnehmen.[57] Deutschland ‚kann‘, so könnte man sagen, aber auch die doppelte oder zehnfache Menge an Geflüchteten aufnehmen. Es geht hier vielmehr nicht um so etwas wie eine objektive Unmöglichkeit, sondern eher um eine Grenze subjektiver Unzumutbarkeit. Aber auch hierzu muss ein brauchbares Kriterium gefunden werden. Hierzu möchte ich von Carens den Begriff der „Restriktion der öffentlichen Ordnung“ (Carens 2012: 32) entleihen. Im Folgenden soll dieser qualitativ so angereichert werden, dass sich ein tragfähiges Kriterium zur Beschränkung der Aufnahme einer Gemeinschaft ergibt.

Was macht eine Gemeinschaft als Gemeinschaft aus?

Wie dieses Kriterium genau aussieht, hängt sehr stark von der Vorstellung dessen ab, was eine Gemeinschaft ausmacht. *Michael Walzer* arbeitet hier mit einer Reihe von Metaphern, gegen deren Auslegung sich bei anderen Autoren jedoch immer wieder Einwände finden. Zunächst verteidigt Walzer die Unterscheidung zwischen Mitgliedern und Fremden (Walzer 2006: 69). Distributive Gerechtigkeit setze eine festumgrenzte Welt voraus, innerhalb der Güter verteilt werden können. „Das erste und wichtigste Gut, das wir aneinander zu vergeben und zu verteilen haben, ist Mitgliedschaft in einer menschlichen Gemeinschaft“ (Walzer 2006: 65). Insoweit teilt Walzer also die hier vorgestellte Problemdiagnose.

Walzer erste Metapher ist die der Nachbarschaften. Diese kämen theoretisch ohne jede Mitgliedschaftskontrolle aus, man könne sich als Fremder hinzugesellen und könne dann Kontakt zu Nachbarn haben oder auch nicht. Nachbarschaften seien somit ein neutrales Territorium, auf dem sich grundsätzlich jeder ansiedeln kann. Übertragen auf einen Staat sei hieran problematisch, dass das Zusammenkommen in einer Nachbarschaft mithin zufällig sei und sich so keine „patriotischen

[57] Bundesamt für Migration und Flüchtlinge, `http://www.bamf.de/SharedDocs/Meldungen/DE/2015/20150507-prognose-asylantraege-2015.html?nn=1367522`, zuletzt eingesehen 16.08.2015, 16:07.

Gefühle“ herausbilden könnten. Daher wäre keine Einsatzbereitschaft für die Gemeinschaft vorhanden. Auch werde jeder Einsatz letztlich durch die Fluktuation der Nachbarschaftsmitglieder hinfällig, da etwa eine Reihe von benachteiligten Mitgliedern, in die man investiert habe, einfach wegziehen und neue benachteiligte Mitglieder hinzustoßen könnten (Walzer 2006: 72-74). Darüber hinaus betont Walzer, dass Nachbarschaften nur dann offen sein könnten, wenn um ihre Gesamtheit eine staatliche Ordnung gezogen würde. Andernfalls würden die Nachbarschaften um unkontrollierten Zuzug und Durchzug zu verhindern selbst „tausend kleine Festungen“ errichten (Walzer 2006: 75).

Hiergegen wendet *Martino Mona* ein, dass etwa auch staatliche Gebietskörperschaften wie Bundesländer oder Kantone politische Gemeinschaften mit eigener spezifischer Identität, aber ohne Einlasskontrollen seien (Mona 2012: 155).[58] Auch müsse erst einmal die entscheidende Differenz zwischen innerstaatlicher und interstaatlicher Freizügigkeit deutlich gemacht werden. Hier sei ein Nachweis der besonderen ethischen Bedeutung des Nationalstaats im Verhältnis zu kleineren Einheiten zu bringen (Carens 2012: 41). Eher sei das Errichten von kleinen Festungen das geringere Problem, denn dass Familien, Dörfer oder Vereine ihre Mitgliedschaft restringieren sei unproblematischer, als wenn Staaten dies täten (Mona 2012: 161).[59] Mithin sei diese Vorgehensweise, die Walzer zum Schutz von kulturellen Gemeinschaften vorschlägt, unpassend. So würden etwa die Interessen derjenigen Gruppen in einem Staat, die „nicht-isolationistisch“ veranlagt sind, nicht berücksichtigt (Mona 2012: 162-163). In der Tat erscheint es nicht stringent den Schutz der Kultur etwa von Sachsen oder Schwaben durch Zuwanderungsbeschränkungen auf der Ebene des Nationalstaats zu schützen.

Passender als die Nachbarschaft erscheint Walzer auch die Analogie des Vereins. So würden Staaten wie Vereine darüber entscheiden, was für eine Gemeinschaft sie bilden und wer Mitglied werden könne. Andererseits hätten Staaten kein Recht einem Mitglied die Ausreise zu verweigern, denn dann würde Zusammengehörigkeit in Zwang umschlagen (Walzer 2006: 76). Im Unterschied zu einem Verein unterliegen sie

[58] So auch Carens (2012: 40) mit dem Verweis auf amerikanische und deutsche Bundesstaaten.

[59] Das sieht auch Walzer selbst so. Während für einen Verein oder eine Familie die Aufnahme von Fremden einen sehr intimen Akt darstellt, kann die Gemeinschaft Fremde aufnehmen, ohne dass der Einzelne in der Weise gefordert wäre, als wenn er dies persönlich tun würde (Walzer 2006: 83-84).

dabei aber keiner höheren Instanz und seien somit perfekte Vereine, die allein über ihre Mitgliedschaft entscheiden können (Walzer 2006: 78).

Doch auch diese Metapher sei unpassend, da hier die Differenz zwischen öffentlichem und privaten nicht beachtet werde. Staaten als Machtmonopol innerhalb eines bestimmten Territoriums kämen weitergehende Verpflichtungen zu als Vereinen (Mona 2012: 156-157; Carens 2012: 41). Relevant sei die Analogie aber insoweit, wie auch Vereine einen gemeinsamen Zweck verfolgen und daher auch ihre Mitgliedschaft restringieren, wenn der Vereinszweck gefährdet werde. Bezüglich Staaten sei hier das Selbstverständnis der politischen Gemeinschaft eine mögliche legitime Einschränkung, jedoch „das Selbstverständnis kann ohne Weiteres hinreichend und robust sein, um ohne Zuwanderungsrestriktionen fortzudauern. Es kann auch davon abhängig sein, dass gerade keine Restriktionen bestehen“ (Mona 2012: 157).

Zuletzt führt Walzer die Metapher der Familie an. Bei der Auswahl von neuen Mitgliedern setzten Staaten oft auf ein Konzept der Nähe im Sinne von Verwandtschaft (Walzer 2006: 79-80). So erscheint die Zulassung von Einwanderung aufgrund „nationaler Verschwägerung“ für Walzer legitim, jedoch stelle dies umgekehrt keinen zwingenden Grund dar, nicht Verschwägerte nicht aufzunehmen (Walzer 2006: 80). Hier verpflichte allerdings nur das Prinzip der wechselseitigen Hilfeleistung dazu, Fremde aufzunehmen (Walzer 2006: 83-84).

Hierzu führt Mona an, dass es auch Familienverhältnisse gebe, in denen die Mitglieder gerade nichts voneinander wissen oder wissen wollen und andersherum Konstellationen, in denen man sich seine Familienmitglieder gerade nicht aussucht (Mona 2012: 158).

Neben einzelnen Fragen, inwieweit die eine oder andere Metapher passend ist oder nicht, ist jedoch allgemein bezüglich diesem von Walzer ins Zentrum gerückten Argumentationsprinzip zu fragen, wie plausibel es eigentlich ist, sich ein normatives Konzept von Nachbarschaft, Verein oder Familie zu konstruieren – und ein solches ist es, wenn Walzer etwa davon ausgeht, dass man seine Familienmitglieder grundsätzlich mag –, um daraus dann Schlüsse auf ein anderes normatives Konzept zu ziehen. Walzer müsste zumindest begründen, warum er überhaupt Nachbarschaften, Vereine und Familien so sieht, wie er sie sieht, bevor er diese dann als Metaphern für konkrete politische Gemeinschaften verwendet. Das tut er aber nicht, sondern stützt sich vielmehr auf einen von ihm vorausgesetzten common sense, den es so nicht ohne weiteres gibt, wie die zahlreichen Einwände gegen seine Konzeption zeigen.

Von geteilter Kultur zu geteilter politischer Kultur.

Walzer spricht jedoch auch frei von Metaphern über den normativen Sinn von konkreten Gemeinschaften. „Zulassung und Ausschluß sind der Kern, das Herzstück von gemeinschaftlicher Eigenständigkeit. Sie sind es, die der Selbstbestimmung ihren tieferen Sinn verleihen. Ohne sie gäbe es keine *spezifischen Gemeinschaften*, keine historisch stabilen Vereinigungen von Menschen, die einander in einer speziellen Weise verbunden und verpflichtet sind und die eine spezielle Vorstellung von ihrem gemeinsamen Leben haben" (Walzer 2006: 106; eigene Hervorhebung, DS). Damit versteht Walzer, um es mit Habermas Worten zu sagen, die konkrete Gemeinschaft nicht mehr „als ethnische Nachkommen-, sondern als kulturelle Erbengemeinschaft" (Habermas 1997: 177). Zwar kann man eine solche Vorstellung von Gemeinschaft zu Recht als konstruiert, als eine Fiktion oder als Idealisierung kritisieren (Mona 2012: 163; Benhabib 2008: 208-209), aber das entwertet diese nicht gleich. Wie eingangs gezeigt wurde, schöpfen auch Menschenrechte ihre Geltung aus ihrer kollektiven Anerkennung aufgrund von guten Gründen (1.1), sie sind aber gleichzeitig nicht global verwirklicht. Ebenso sind normative kulturelle Vorstellungen bezüglich einer bestimmten Gemeinschaft auch dann noch ein legitimer Ausdruck kollektiver Autonomie, wenn sie nicht in Gänze mit der Realität übereinstimmen. Problematisch wird es erst dann, wenn eine nicht unerhebliche Minderheit diese kulturellen Vorstellungen nicht teilt bzw. in ihnen nicht repräsentiert werden kann. So wirft Mona Walzer etwa vor, dass er im Prinzip nur die Ansichten einer Mehrheit schütze (Mona 2012: 164). Unter bestimmten Bedingungen trifft dieser Vorwurf gewiss zu. Grundsätzlich ist es wohl so, dass es an der jeweiligen Gemeinschaft hängt, inwieweit Walzers Vorstellung einer Gemeinschaft zutrifft oder nicht. So verweist etwa Benhabib darauf, dass „ein demokratischer Staat mit pluralistischer Tradition [...] zahlreiche kulturelle Gruppen und Subgruppen, Strömungen und Gegenströmungen [vereint]; seine „nationale" Kultur wird aus einer Vielzahl widersprüchlicher Traditionen, Erzählungen und historischer Deutungen geformt" (Benhabib 2008: 120-121). Deshalb – und weil das Grundproblem verbleibt, dass es unklar ist, inwieweit die Kontrolle der Zugehörigkeit wirklich erforderlich ist, um kulturelle Differenzen zu bewahren – schlägt Benhabib vor, zwischen kultureller und politischer Integration von Gemeinschaften zu unterscheiden und den Fokus auf das zweitere Element zu legen (Benhabib 2008: 120-121). „Zweifellos sind nationale Identifikation und Solidarität wichtig, doch sie müssen mit der Loyalität zu demokratischen Idealen und verfassungsrechtlichen Normen angereichert werden“ (Benhabib 2008: 213). Im Gegensatz zur Bewahrung von Kultur setze demokratische Partizipation und gemeinsame Gesetzgebung Kontrolle über die Zugehörigkeit voraus (Benhabib 2008: 211), weshalb hieraus ein Recht der Gemeinschaft zur Kontrolle von Einwanderung abgeleitet werden könne.

Zu einem ähnlichen Standpunkt gelangt im Ergebnis auch Miller. In seiner Argumentation für nationale Selbstbestimmung beginnt er jedoch zunächst damit, dass Nationen „communities of obligation” (Miller 1999: 83) seien, in denen die Mitglieder Verpflichtungen gegeneinander anerkennen würden, die sie gegenüber Fremden nicht anerkennen würden. „However, they are also large and impersonal communities, so in order for these duties to be effectively discharged, they must be assigned and enforced” through a “set of institutions” (Miller 1999: 83). Hier verstrickt sich Miller zunächst in einen Widerspruch, der die Probleme der kulturellen Integration bei Walzer noch einmal auf den Punkt bringt. Einerseits fühlen Mitglieder Verpflichtungen gegeneinander, andererseits ist die nationale Gemeinschaft zu groß, dass diese Verpflichtungen quasi von selbst umgesetzt werden. Vielmehr sind staatliche Zwangsmechanismen erforderlich. Das deutet darauf hin, dass kulturelle Gemeinsamkeiten in so großen Gemeinschaften, wie Nationalstaaten sie darstellen, wohl nicht integrativ genug sind, als das Verpflichtungen ohne Zwang funktionieren. Dennoch erscheint es Miller sinnvoll, davon auszugehen, dass nationale Kulturen existieren, und hält deren Schutz für notwendig (Miller 1999: 85). Er verweist aber auch auf das amerikanische Beispiel, in dem eine gemeinsame Identität für mehrere kulturelle Gruppen zugänglich sei. Die USA stellen für Miller zwar eine Ausnahme dar, jedoch hält Miller damit kulturelle Integration nicht durch eine monistische sondern auch durch eine pluralistische Kultur für möglich. Es sei jedoch wichtig, insbesondere durch Bildung, eine gemeinsame nationale Identität zu schaffen, die sich insbesondere auf eine „democratic citizenship“ bezieht (Miller 1999: 141-142). Damit beginnt Miller sein Modell kultureller Homogenität in ein Modell politischer Homogenität im Sinne von egalitärer politischer Partizipation zu wandeln.[60] So sieht auch Miller nationale Selbstbestimmung als einen Aus-

[60] Er differenziert hier aber nicht so klar. So wendet sich Miller dagegen, kulturelle Identitäten von einzelnen Gruppen im Staat zu sehr zu erhalten, insbesondere, wenn dies paternalistisch geschehe und die Jugend dieser kulturellen Minderheit – wie Mil-

druck von kollektiver Autonomie im Sinne einer gemeinsamen demokratischen Willensbildung, an der alle Mitglieder der Gemeinschaft zu beteiligen sind (Miller 1999: 88-89). Doch auch hier – insbesondere in einer deliberativen Demokratie – seien gemeinschaftliche Bindungen eine Grundlage für ausreichendes Vertrauen und Loyalität zwischen Mitgliedern, das nötig sei um sich sicher zu fühlen, dass kooperatives Verhalten gegenüber anderen auch zurückgegeben wird (Miller 1999: 92, 96).

Die Restriktion der öffentlichen Ordnung

Wenn Miller nun eine Begründung für Einwanderungsbeschränkungen liefert, dann geht er einerseits von kollektiver Selbstbestimmung und andererseits von dieser öffentlichen Kultur aus, der bezüglich der Realisierung von Demokratie eine wichtige Funktion zukomme (Miller 2012: 56). Das erste Argument bezieht sich darauf, dass kollektive Entscheidungen bezüglich der gemeinsamen Lebensweise durch fehlende Kontrolle von Einwanderung untergraben werden könnten und so u. U. ein spezifischer Charakter einer Gemeinschaft nicht mehr möglich sei (Miller 2012: 60). Das zweite Argument verweist darauf, Einwanderung nur in dem Rahmen zuzulassen, der gewährleistet, dass eine „funktionsfähige öffentliche Kultur“ bestehen bleibe. Einwanderer würden sich zwar an die Kultur anpassen und auch die bestehende Kultur würde sich durch Einwanderer verändern können, aber bei zu vielen Einwanderern bestehe die Gefahr, dass die öffentliche Kultur zusammenbreche (Miller 2012: 57).

Die Argumente von Miller beziehen sich zwar beide auf den demokratischen Prozess der Selbstbestimmung – jedoch auf unterschiedlichen Ebenen. Während das erste Argument auf die Ergebnisse der kollektiven Selbstbestimmung verweist, geht es in dem zweiten Argument um deren Möglichkeit überhaupt. Genau darum, um kollektive Selbstbestimmung in einer Gemeinschaft, geht es auch den Geflüchteten. Es ist daher nicht plausibel, das erste Argument gegenüber Geflüchteten geltend zu machen – wohl aber das zweite. Wenn die Aufnahme von Geflüchteten konkrete Ergebnisse kollektiver Selbstbestimmung verhindert, dann ist das als Legitimation eines Ausschlusses von diesen, die

ler meint – selbst eigentlich nach Erfolg im Nationalstaat sucht und dazu bereit sei eine entsprechende Identität anzunehmen (Miller 1999: 143-144). Auch wendet er sich gegen besondere Rechte für Minderheiten, da diese die gemeinsame nationale Identität untergraben würden, da diese auf Gleichbehandlung gebaut sei, insbesondere freilich im Hinblick auf demokratische Partizipation (Miller 1999: 153-154).

überhaupt keine Möglichkeit zu irgendeiner kollektiven Selbstbestimmung haben, kein gutes Argument. Wenn jedoch auch die Möglichkeit kollektiver Selbstbestimmung derjenigen, die bereits der aufnehmenden Gemeinschaft angehören, konkret gefährdet ist, dann steht für beide Seiten, für Geflüchtete und Aufnehmende, gleich viel auf dem Spiel. Hier findet die ethische Verpflichtung zur Aufnahme ihre Grenze.

Damit ist aber noch nicht gesagt, wie genau diese Form von politischer Integration im Sinne von kollektiver Selbstbestimmung aussieht. Habermas unterscheidet hierzu zwei Verständnisse von Staatsbürgerschaft. Einerseits gäbe es ein auf Locke zurückgehendes „individualistisch-funktionalistisches" Verständnis, in dem der Staatsbürger eine Organisationsmitgliedschaft innehat, die eine Rechtsstellung begründet, er jedoch dem Staat letztlich äußerlich bleibt und mit ihm bestimmte Leistungen wie Steuern und Wählerstimmen gegen Leistungen wie Rechtssicherheit tauscht. Staatsbürger bleiben dabei im Wesentlichen Privatleute, die ihre Interessen gegenüber dem Staat zum Ausdruck bringen. Andererseits sieht Habermas ein auf Aristoteles zurückgehendes „kommunitaristisch-ethisches" Verständnis, in dem eine sich selbst bestimmende ethisch-kulturelle Gemeinschaft eine soziale Identität durch gemeinsame Überlieferungen und anerkannte politische Institutionen, kollektive Selbstbestimmungspraxis teilt (Habermas 1992: 640). Auch wenn das aristotelische Modell in vielerlei Hinsicht heute unangemessen sei, habe es doch den Vorteil, dass es verdeutliche, „dass politische Autonomie ein Selbstzweck ist, den niemand für sich allein in der privaten Verfolgung je eigener Interessen, sondern nur alle gemeinsam auf dem Wege einer intersubjektiv geteilten Praxis verwirklichen können" (Habermas 1992: 641). Und hierzu bedürfe es trotz unterschiedlicher kultureller Lebensformen eine Sozialisation aller Staatsbürger in einer gemeinsamen Kultur, die jedoch nicht unbedingt die Form nationaler Identität haben müsse (Habermas 1992: 643). Vielmehr ginge es bei dieser gemeinsamen Kultur nicht um die Übernahme ganzer Lebensformen, sondern die Identität des politischen Gemeinwesens hänge an der politischen Kultur. Immigranten müssten also die politische Kultur, mithin die Anerkennung von und Partizipation in politischen Verfahren übernehmen, könnten aber ihre eigenen Lebensformen bewahren (Habermas 1992: 658-659). „Das demokratische Recht auf Selbstbestimmung schließt gewiss das Recht auf Bewahrung einer eigenen *politischen* Kultur ein, die für die Staatsbürgerrechte einen konkreten Kontext bildet; es schließt aber nicht das Recht auf die Selbstbehauptung einer privilegierten *kulturellen* Lebensform ein“ (Habermas 1992: 659). Habermas sieht zwar das Problem, dass im Gegensatz zu diesem Modell das des Nationalstaats stärker als Volkssouveränität und Menschenrechte an „Herz und Gemüt“ der Bürger appelliert, andererseits zeige das Beispiel USA, dass dieses Element zum Errichten einer stabilen Republik nicht notwendig sei (Habermas 1997: 136-137). Daher plädiert Habermas dafür, einen Verfassungspatriotismus an die Stelle des ursprünglichen Nationalismus treten zu lassen. Der Vorteil dieses Modells liege darin, dass in ihm nicht nur eine bestimmte kulturelle Lebensform, sondern eine Vielzahl an kulturellen Lebensformen realisiert werden können (Habermas 1997: 143).[61] Das ist für eine Gemeinschaft, die, wie hier gefordert, die Einbürgerung von Geflüchteten und Staatenlosen zu ihrer ethischen Grundlage erklärt, auch notwendig. Es kommt also bezüglich der Begrenzung von Zuwanderung nicht auf irgendeine Kultur an, die geschützt werden müsse, sondern auf die politische Kultur, mithin das Funktionieren des politischen Gemeinwesens. Dabei kann bezüglich der integrativen Kraft dieses Modells, die durchaus bedeutsam für das Funktionieren einer Gemeinschaft als Gemeinschaft ist – worauf Miller zu Beginn hinwies: das freiwillige Annehmen von Pflichten, die gegenüber Fremden nicht angenommen werden – auf eben die Möglichkeit der öffentlichen Teilhabe an der gemeinsamen Politik sowie im Privaten auf die Ermöglichung zahlreicher Lebensformen verwiesen werden.

Eine solche Begrenzung der Einwanderung sieht – mit etwas mehr Detail – auch Carens vor, der von einer Anwendung der rawlsschen Theorie auf globaler Ebene ausgeht. Für ihn dürfen Freiheiten im Zustand des Schleiers des Nichtwissens nur zu Gunsten von anderen Freiheiten eingeschränkt werden. Da aber alle Freiheit von einer funktionierenden öffentlichen Ordnung abhinge, würde ihr Zusammenbruch zu einer Freiheitseinbuße für alle führen (Carens 2012: 32). Geht man von

[61] Bei einem solchen Konzept landet im Ergebnis auch Mona, der Walzer so deutlich für seine Vorstellung von Gemeinschaft kritisiert hat. „Der moderne Staat ist insofern eine Ansammlung von Fremden, als die einzelnen Menschen vor dem Hintergrund einer pluralistischen Weltsicht ganz unterschiedliche und gar gegensätzliche Vorstellungen des guten Lebens haben können und sich deshalb kulturell fremd sind. Indem sie sich aber auf politische Grundkonzepte einigen, erbringen sie die notwendige Verständigung und wertbezogene Konsensleistung, um sich hinreichend verbunden zu fühlen und um sich auch in den einzelnen Gemeinschaften letztlich als Teil der politischen Struktur des Staates wahrnehmen zu können“ (Mona 2012: 165).

dieser idealen Darstellung zur zur nichtidealen Theorie über[62], dann verstärke sich die Beschränkung dahingehend, dass gerade einigermaßen gerechte Staaten Einwanderer, die auf einen Umsturz gerechter Institutionen abzielen, die Einreise verweigern könnten. Ebenso gelte dies in vertretbarem Rahmen, wenn die Einwanderer aus Gesellschaften kommen, in denen keine oder kaum „liberal-demokratische Werte“ bekannt sind und diese daher eine Gefahr für liberal-demokratische Institutionen darstellen könnten; auch seien Beschränkungen wegen der u. U. enormen Masse von Einwanderern bei gänzlich offenen Grenzen erlaubt (Carens 2012: 33). Hingegen ließen sich Restriktionen nicht mit ökonomischem Nachteil für die Einwanderungsgesellschaft begründen, es sei denn die alten Einwohner würden durch die Einwanderung schlechter gestellt als der Migrant. Zuletzt seien auch Argumente des Schutzes einer Kultur jenseits liberal-demokratischer Werte nicht vertretbar (Carens 2012: 35).

Das Argument des Selbstverständnisses der Gemeinschaft

Carens räumt damit Staaten, die liberal-demokratische Werte verkörpern, ethisch ein umfassenderes Recht zur Ablehnung von Migranten zu als solchen Staaten, die diese Werte nicht verkörpern. Auch wenn dies praktisch wohl kaum eine Rolle spielt, da Staaten, die mit liberaldemokratischen Werten wenig am Hut haben, sich nur begrenzt für die ethischen Hinweise von Carens interessieren werden, erscheint dieses Ergebnis paradox im Sinne von stringent, aber unerwartet. Aus Carens Sicht erscheinen freilich diejenigen Staaten, die liberal-demokratische Werte verkörpern, als besonders schützenswert.

Hiergegen spricht aber, dass ja gerade die liberal-demokratischen Staaten den Wert des Menschen zu einem Teil ihrer Identität erklärt haben. Mithin erscheint es sinnvoll, diejenigen Gemeinschaften, die sich etwa der Menschenwürde verpflichtet haben, genau hierauf zu verweisen und eine entsprechende Aufnahme von Geflüchteten von ihnen zu verlangen. Für die Bundesrepublik Deutschland stellt die Menschenwürde in Art. 1 I GG eine unabänderliche rechtlich-ethische Grundlage ihrer Existenz dar. Fasst man das hier entwickelte Verständnis

[62] Carens trennt mit Rawls ideale und nichtideale Theorie. In Ersterer geht es nur um die direkte Anwendung der aus dem Schleier des Nichtwissens gewonnenen Regeln, Zweitere zieht auch konkrete Hindernisse zur Umsetzung dieser Regeln in der wirklichen Welt mit ein.

von Menschenwürde als Pflicht, Staatenlose und Geflüchtete aufzunehmen, mit der Aussage, dass eben jene zu achten und zu schützen Zweck aller staatlichen Gewalt ist, zusammen, dann muss die BRD aus ihrer eigenen Wertegrundlage diese Pflicht auch annehmen. Hier sei auch darauf verwiesen, dass die hiesige Würdekonzeption sich durchaus auch mit der in der deutschen Rechtslehre vorherrschenden Objektformel (Maunz/Dürig/Herdegen GG Art. 1 Rn. 36) verträgt. Ist der Mensch Mitglied einer Gemeinschaft, dann kann er in ihr als Subjekt teilnehmen, während er als der Gemeinschaft Äußerlicher nur ein Objekt ihrer Handlungen ist. Dasselbe wie für die BRD gilt auch für die Europäische Union, die sich sowohl in ihrem grundlegenden Vertrag (Art. 2 EUV) als auch in der Charta der Grundrechte der Europäischen Union (Art. 1 GRCh) zur Menschenwürde als ihren grundlegenden Wert bekannt hat.

Der Verweis auf die eigenen Werte lässt sich jedoch auch in breiterem Sinne etwaigen Gegnern einer ethischen Aufnahmepolitik entgegenhalten. Sicherlich bedeutet Migration immer Veränderung des Charakters einer Gemeinschaft in den Grenzen des Funktionserhalts dieser Gemeinschaft. Dies jedoch als Bedrohung wahrzunehmen geht mit der Angst einher, die eigenen Werte würden von der anderen Seite nicht angenommen oder gar ignoriert. Wer sich so äußert, der äußert jedoch gleichzeitig einen tiefen Zweifel an den eigenen Werten, ja eine mangelndes Vertrauen in sie, als könnten sie es mit den Werten der Einwanderer argumentativ nicht aufnehmen, als sei eine demokratische Gemeinschaft etwa nicht in der Lage, Neuankömmlingen von den Vorzüge der Demokratie zu überzeugen. Wer hingegen von den eigenen Werten überzeugt ist, der wird Einwanderern gegenüber diese auch mit Erfolg vertreten können.

Zusammenfassend stellt also die Restriktion der öffentlichen Ordnung verstanden als Restriktion des Erhalts der politischen Kultur bzw. der grundlegenden Fähigkeit zur Selbstbestimmung einer Gemeinschaft eine – wenn auch praktisch wohl schwer genau zu fassende – Grenze von Einwanderung dar. Fest steht allerdings, dass es sich um eine sehr weite Grenze handelt. Das Argument des Selbstverständnisses der Gemeinschaft, das zuletzt formuliert wurde, stellt einen besonderen Verpflichtungsgrund dar, der solchen Gemeinschaften, die sich selbst auf Menschenwürde gebaut betrachten, entgegengehalten werden kann, wenn es darum geht, ob und wie viele Geflüchtete aufgenommen werden sollten.

2.3 Auswahl?

Wenn also im Ergebnis nun einerseits jeder Staatenlose bzw. Geflüchtete einen Anspruch auf Aufnahme in eine Gemeinschaft hat und andererseits aber die Gemeinschaft im Sinne der Restriktion der öffentlichen Ordnung Aufnahme begrenzen kann, ist es unvermeidlich, darüber zu sprechen, nach welchen Kriterien eine Auswahl getroffen werden sollte. Die folgende Darstellung versucht die wichtigsten Kriterien abzudecken und die Angemessenheit ihrer Anwendung aus Sicht der Ethik der Aufnahme darzustellen.

2.3.1 Not

Drei Notsituationen

Hinreichend wurde bis hierher gezeigt, dass eine Notsituation die Grundlage des Anspruchs auf Aufnahme in eine Gemeinschaft darstellt. Das Prinzip der Hilfe in Not wird jedoch etwa von Walzer grundsätzlich so interpretiert, dass eine Hilfsleistung nur dann verpflichtend ist, wenn eine Seite sie dringend benötigt und die Hilfe für die andere Seite nur mit geringen Kosten verbunden ist (Walzer 2006: 68). Nothilfe mag gar so aufgefasst werden, dass nur in akuter Notsituation akute, also kurzzeitige Hilfe geleistet werden muss (Rethmann 2010: 128). Das mag grundsätzlich so sein, jedoch sieht es anders aus, wenn die Notsituation sich so darstellt, dass sie selbst nicht nur akut, sondern dauerhaft ist, etwa wie hier direkt aus dem Fehlen einer dauerhaften Gemeinschaftszugehörigkeit entspringt. Die „gegenseitige Hilfe“ stellt sich daher auch für Walzer als ein Prinzip für die Vergabe von Mitgliedschaft dar (Walzer 2006: 68). Sie ist ein einmaliger, jedoch weit in die Zukunft wirkender Akt, der dem dauerhaften Notstand des Nirgendwo-zu-Gehörens abhilft.

Bisher wurden freilich als Bezeichnung für denjenigen, der sich in diesem Notzustand befindet, die Begriffe Staatenloser oder Geflüchteter verwendet. Bei den Staatenlosen ist dieser Notzustand offensichtlich, bei den Geflüchteten hingegen nicht. In der Tat befinden sich wohl nicht alle Geflüchteten in einer solchen Notsituation. Allerdings ist offensichtlich, dass eine Flucht nicht einfach so, sondern in wohl jedem Falle aus einer gewissen Notsituation heraus stattfindet. Die Gefahren, die Geflüchtete auf sich nehmen, sind ein nicht zu verkennender Indikator, wie freiwillig bzw. unfreiwillig die Menschen geflohen sind, also wie ausgeprägte Ungleichheit und Ungerechtigkeit sie zu der Entscheidung zur Flucht gebracht haben (Ladwig 2012: 68). Arendt hat schon bezüglich der Zeit des Zweiten Weltkriegs zum einen die Vorstellung, dass es sich bei Flucht und Asyl um einen vorübergehenden Zustand handele, und zum anderen die Idee, dass Staatenlose und Geflüchtete zwei voneinander getrennte Kategorien seien, kritisiert. De facto sei der Geflüchtete oft auch ein Staatenloser gewesen (Arendt 1993, 420-424). Agamben sieht dies bezüglich der heutigen Situation noch genauso (Agamben 2006: 22-23). Man muss dem zumindest soweit zustimmen, dass der Geflüchtete dadurch, dass er flieht, zumindest zeigt, dass er an dem Schutz seines Staates nicht mehr interessiert ist, und gleichzeitig auch in Kauf nimmt, dass ihm dieser Schutz de facto verloren geht. Hierfür mag er verschiedene Gründe haben. Ich möchte hier differenzierend drei Umstände vorschlagen, die als Notsituationen des Ausschlusses anerkannt werden sollten. Die erste Notsituation ist der Zustand des tatsächlichen Ausschlusses, wie ihn der Staatenlose erlebt, sowie auch der Zustand, in dem sich in Form deutlicher Diskriminierung zeigt, dass Menschen nicht als vollwertige Mitglieder in ihrer Gemeinschaft gewollt sind. Dies ist der Fall des eigentlichen Ausschlusses bzw. der Fall, in dem eine weitere Zugehörigkeit unzumutbar ist. Zweitens sollte aber auch das Stranden im Bereich des Ausgeschlossenen durch Zerfall der Gemeinschaft etwa durch Bürgerkrieg als einschlägige Notsituation gefasst werden. Und drittens sollte auch der Fall dazugehören, in dem es einer bestehenden Gemeinschaft aufgrund äußerer Gegebenheiten unmöglich oder unzumutbar ist, auf ihrem jetzigen Territorium wirtschaftlich zu überleben, sich also ernähren und ein Minimum an selbstbestimmtem Leben führen zu können. Wenn – wic O'Malley und Knoepffler betonen – die konkrete Ausgestaltung der Menschenwürde von historischen Erfahrungen geprägt, aber gleichzeitig nicht auf diese begrenzt, sondern anpassungsfähig ist (O'Malley 2011: 85-86), dann ist klar, dass sowohl das Vorkommen von Geflüchteten in größerer Zahl als auch die zu erwartenden Ereignisse der Klimaerwärmung an der Menschenwürde nicht ohne Einfluss vorbeigehen werden und auch nicht sollten. Vielmehr müssen sich die Menschenwürde und die Ethik der Aufnahme im Besonderen hierauf einstellen.

Laut den sechs in Jakobeit et al zitierten Studien könnte es 2009/2010 50-60 Millionen ‚Klimaflüchtlinge' gegeben haben und 2050 könnte diese Zahl sich auf 150-250 Millionen erhöhen (Jakobeit et al 2012: 303). Zwar kritisieren die Autoren die bisherigen Schätzungen der Zahl von Flüchtenden aufgrund von klimatischen Veränderungen. Diese seien oft wissenschaftlich nicht ausreichend fundiert, was sich allein schon an der Frage der Definition eines ‚Klimaflüchtlings' zeige. Diese reiche von weiten Definitionen – zeitiges oder dauerhaftes Verlassen des Wohnorts aufgrund einer Umweltveränderung, die ihre Existenz entweder unmöglich macht oder ihre Lebensqualität ernsthaft beeinträchtigt – bis hin zu sehr konkreten – nur drei Fluchtursachen: Steigung des Meeresspiegels, extreme Wetterereignisse und Wasserknappheit (Jakobeit et al 2012: 305). Auch seien selbst Schätzungen auf Grundlage dieser eng gefassten Definitionen problematisch: So zeigten etwa mehrere Studien, dass im Falle von Wasserknappheit die transnationale Migration eher abnimmt und durch Migration nur über kurze Distanzen ersetzt wird, weil sich die Menschen längere Reisen gar nicht mehr leisten können (Jakobeit et al 2012: 306). Trotz dieser deutlichen Unklarheit über das Ausmaß steht es jedoch außer Frage, dass es Flucht aufgrund von Klimaveränderungen geben wird (Jakobeit et al 2012: 307). Tatsächlich hat etwa unter den pazifischen Inselstaaten bereits eine Umsiedlung begonnen.[63]

Ausgeschlossenheit und Armut, Zugehörigkeitsgerechtigkeit und Verteilungsgerechtigkeit

Die von mir hiermit vorgeschlagenen drei Umstände fassen alle Fälle zusammen, in denen dem Geflüchteten droht, faktisch aus jedweder menschlichen Gemeinschaft herauszufallen, bzw. die Gemeinschaft, der er angehört, bei der Gewährleistung der grundlegendsten Bedingungen des Lebens scheitert. Damit habe ich diese Fälle aus allen anderen Notsituationen in der Weise herausgegriffen, dass nur sie einen Anspruch auf Aufnahme begründen. *Stephan Schlothfeldt* sieht das grundlegend anders. Für ihn ist „die grundsätzliche normative Differenzierung zwischen Verfolgten und um ihr Überleben Kämpfenden", also Ausgeschlossenen und in (absoluter) Armut Lebenden, nicht zu halten. Dazu möchte er im ersten Schritt zeigen, dass es spezielle Fälle von existenziellen ökonomischen Notlagen gibt, die sich von politischer Verfolgung kaum unterscheiden, nämlich solche, in denen Menschen durch ökonomischen Ausschluss in eine extreme Armutslage gebracht werden. Dem ist zuzustimmen, nur dass auch dieser Fall nach der hier vertretenen Position

[63] `http://www.bundesregierung.de/Content/DE/Artikel/2015/03/2015-03-05-meerespiegel.html`, zuletzt eingesehen 14.08.2015: 15:16.

eben eine Form des Ausschlusses darstellt und keine Situation schlichter ökonomischer Knappheit ist. In einem zweiten Schritt behauptet Schlothfeldt aber, dass sich diese existenziellen ökonomischen Notlagen von gängigeren ökonomischen Notlagen wiederum kaum unterscheiden (Schlothfeldt 2012: 200). Für die Betroffenen mache es etwa keinen Unterschied, ob ihre Notlage durch gezieltes Handeln (Diskriminierung) oder Zufälle verursacht wurde. Es ginge bei der ethischen Bewertung darum, nicht die moralischen Verpflichtungen von den Verursachern der Notlagen zu bestimmen, sondern diejenigen von nebenstehenden Dritten und für diese könne es nur auf die Notlage selbst, nicht ihr Zustandekommen, ankommen (Schlothfeldt 2012: 202-203). Genau dieser Punkt ist aber meines Erachtens zu bezweifeln. Das Zustandekommen bzw. die konkrete Beschaffenheit der Notsituation macht durchaus einen Unterschied dafür, wie sie abzuschaffen ist. Während in Fällen, in denen ein als Gleiches anerkanntes Mitglied einer Gemeinschaft in eine ökonomische Notlage gerät, dieses innerhalb der Gemeinschaft wenigstens die Möglichkeit hat, für eine Verbesserung seiner Situation durch politisches Handeln zu kämpfen, ist genau dies dem Ausgeschlossenen oder dem etwa aufgrund seiner Ethnie systematisch Benachteiligten nicht möglich. Die politischen Handlungen des Armen können Bedeutung haben und die Gemeinschaft verändern, die des Ausgeschlossenen haben keine Bedeutung. Sollte auf die Politik des in Armut Lebenden freilich mit Ausschluss reagiert werden, ändert sich die Lage, doch kann ihm zugemutet werden, zunächst in seiner Gemeinschaft auf eine Verbesserung hinzuarbeiten.

Auch hilft dem faktisch Ausgeschlossenen nur die Aufnahme in eine andere Gemeinschaft, während Menschen in Armut auch anderweitig geholfen werden kann. So hält Rethmann etwa Einwanderungsbeschränkungen für legitim, aber nur wenn man sich trotzdem um die Menschen außerhalb der eigenen Gemeinschaft kümmere, etwa durch gerechte Welthandelsverhältnisse oder Entwicklungshilfe (Rethmann 2010: 134). Da im Falle von politisch Verfolgten keine Entwicklungshilfe möglich sei, müssten diese jedoch auf jeden Fall aufgenommen werden. Asylpolitik liege daher auf einer anderen Ebene als sonstige Zuwanderungspolitik (Rethmann 2010: 135-136). Armut und Ausgeschlossenheit überschneiden sich zwar in vielen Fällen, doch sind sie auf einer ethisch-analytischen Ebene getrennt zu betrachten. In der Ethik der Aufnahme geht es um *Zugehörigkeitsgerechtigkeit* und gerade nicht um *Vertei-*

lungsgerechtigkeit.[64] Zwar lässt sich auch Verteilungsgerechtigkeit mit Hilfe von Aufnahme verwirklichen, es ist hier aber nicht unbedingt das Mittel der Wahl. So kommt etwa auch Schlothfeldt dazu, dass Hilfe vor Ort einer Zuwanderung grundsätzlich vorzuziehen sei, etwa allein weil Menschen in sehr krassen Notlagen vielleicht nicht einmal in der Lage sein würden, das Einwanderungsland zu erreichen. Jedoch sei Hilfe vor Ort in einigen Fällen etwa durch korrupte Eliten im Land der Notlage nur schwer möglich, daher stelle Zuwanderung grundsätzlich so etwas wie die zweitbeste Lösung dar (Schlothfeldt 2012: 206-208).[65] Ebenso sieht das *Thomas Pogge*, der noch etwas weiter geht und meint, dass die Aufnahme von armen Menschen in reichere Ländern zwar ein mögliches und grundsätzlich unterstützenswertes, jedoch nicht das effektivste Mittel zur Armutsbekämpfung sei und daher die Forderung, Menschen aus Armut einzulassen, zugunsten anderer Hilfe aufgegeben werden solle (Pogge 2002: 110). Hierfür sprechen für Pogge vor allem praktische Gründe. Erstens könnte auf diesem Wege nicht allen geholfen werden. Zweitens kämen oft gerade nicht die Bedürftigsten in den reicheren Ländern an, da Ausbildung und Sprachkenntnisse sowie auch Geld einen Vorteil beim Kampf um Einwanderung darstellten. Auch bezüglich Rimessen – also monetäre Hilfen von Eingewanderten an Verwandte und Freunde im Herkunftsland –, die ansonsten ein taugliches Argument für die Aufnahme darstellen, meint Pogge, dass diese wohl nicht den aller Ärmsten zu Gute kämen (Pogge 2002: 112-114).[66] Zwar

[64] Zugehörigkeitsgerechtigkeit ist strenggenommen freilich eine Unterform von Verteilungsgerechtigkeit, da es um die Verteilung von Zugehörigkeit geht. Wie dieses Buch versucht deutlich zu machen, handelt es sich meines Erachtens bei Zugehörigkeit um ein so grundlegendes und von allen anderen verschiedenes Gut, dass mir eine Gegenüberstellung wie hier angemessen erscheint.

[65] Schlothfeldt bleibt jedoch im Unterschied zu dem hiesigen Ansatz dabei, dass über Entwicklungshilfe nicht allen werde geholfen werden können und daher weiterhin Arme aufgenommen werden müssten. Das mag in manchen Fällen durchaus angemessen sein. Grundsätzlich möchte ich aber darauf beharren, arme Menschen zunächst auf ihren Gestaltungsspielraum in ihrer Gemeinschaft zu verweisen. Dies geschieht zwar in dem Wissen, dass das durchaus zu Ausschluss führen kann, andererseits würde ohne diesen Verweis das Wesen der politischen Gemeinschaft als sich selbst bestimmende untergraben, wenn schon von vorneherein davon ausgegangen wird, dass die politischen Handlungen von Armen zwecklos sind.

[66] Leider erkennt auch Pogge die Differenz zwischen Ausgeschlossenheit und wirtschaftlicher Not nicht. „Warum sollte es moralisch dringlicher sein, eine Person von menschlicher Brutalität zu schützen, als eine andere vor einer ansonsten gleich großen natürlichen Gefahr?“ (Pogge 2002: 113). Eigentlich kann nur ein Konsequenzialist zu dieser Schlussfolgerung kommen.

stehe der Armutsbekämpfung auch etwa Korruption in den betroffenen Ländern entgegen, jedoch gebe es auch bei der Aufnahme von Migranten ‚Reibungsverluste'. Für Armutsbekämpfung vor Ort sprächen etwa Multiplikatoreffekte durch wirtschaftliche Investitionen sowie die niedrigeren Produktionskosten für wichtige Güter.

Zuletzt sei mit Walzer darauf verwiesen, dass das Problem der Migration auch dann bestehen bleiben würde, wenn Verteilungsgerechtigkeit hergestellt wäre. Wenn man annimmt, dass die Welt auch dann noch von verschiedenartigen Gemeinschaften bevölkert würde, dann würden trotz beseitigter Ungleichheit etwa aufgrund von kulturellen Differenzen immer noch – wenn auch deutlich weniger – Menschen migrieren wollen. Es würde sich also weiterhin die Frage stellen, wer über die Möglichkeit dessen entscheiden sollte (Walzer 2006: 88).

Es sollte mit diesen Ausführungen jedoch nicht gesagt werden, dass Ausgeschlossenheit oder Armut ethisch problematischer oder schlimmer sei. Die Pflicht zur Abschaffung sowohl von Ausgeschlossenheit als auch von absoluter Armut leiten sich aus der ethischen Weltgemeinschaft (freedom and well-being (1.1/1.2)) her. Es sollte damit lediglich gezeigt werden, dass es sich um unterschiedliche Probleme handelt, die durchaus unterschiedlich zu bearbeiten sind, auch wenn die Lösung des einen gewiss deutlich zur Lösung des jeweils anderen beitragen würde.

2.3.2 Nähe

Neben dem Kriterium der Not kommt auch dem der Nähe eine gewisse Evidenz zu. Vor allem die äußersten Formen von Nähe, etwa das Bereits-da-Sein im Sinne der bereits ansässigen Bevölkerung oder die Familienzugehörigkeit zu bereits im Land Lebenden, stellt offensichtlich ein hinreichendes Aufnahmekriterium dar (Miller 2012: 63 Fn. 17; Walzer 2006: 66-67, 81). Nähe meint die Situation, in der sich die Gemeinschaft im Prinzip schon in einem besonderen Verpflichtungsverhältnis befindet, weil sie eine besondere Beziehung zu dem Ausgeschlossenen unterhält.[67]

[67] Ein weiterer Fall von Nähe wäre dann auch der, in dem die Gemeinschaft selbst die Flucht verursacht hat (so auch Walzer 2006: 89). Auch in einem solchen Fall steht die Gemeinschaft besonders in der Pflicht, demjenigen zu helfen, dem sie selbst geschadet hat. Im Strafrecht nennt man dieses Verhältnis Ingerenz. Im Hinblick auf eine gerechte Weltordnung ließe sich aus diesem Punkt freilich noch einiges machen. Das sprengt aber hier den Rahmen.

Für Habermas stellt das Näheargument nur in dem Bereich der Familie und des unmittelbaren Bekanntenkreises ein relevantes Kriterium dar. Alle Personen darüber hinaus, egal ob Mitbürger oder Ausländer, seien gleichermaßen nah und fern (Habermas 1998: 655). Walzer hingegen sieht das freilich anders und hält „ideologische Nähe“ sowie „nationale Verschwägerung“ für relevante Näheverhältnisse (Walzer 2006: 89). Er versieht dies jedoch mit einer Einschränkung: Nur wenn es nicht möglich sei, alle Hilfsbedürftigen aufzunehmen und man somit unter diesen auszuwählen hätte, „dann wird – legitimerweise – die jeweils engere Beziehung zu unserer eigenen Lebensweise als Kriterium dominieren. [...] Gemeinschaften müssen Grenzen haben; und wie immer sie diese Grenzen im Hinblick auf Territorium und Ressourcen definieren, in Bezug auf die Bevölkerung werden sie von einem Gefühl der Verwandtheit und Gegenseitigkeit bestimmt. An dieses Gefühl müssen Flüchtlinge appellieren“ (Walzer 2006: 89-90). Und auch Miller meint, dass ein Staat gute Gründe haben könne, zwischen Einwanderern zu differenzieren und dabei jene zu bevorzugen, die bereits die Sprache der Bevölkerungsmehrheit im Land sprechen und vielleicht gar mit der Kultur teilweise vertraut sind (Miller 2012: 58). „Es braucht hier ein politisches Urteil darüber, welches Ausmaß und welche Art von Einwanderung die bestehende öffentliche Kultur nicht zerstört, sondern im Gegenteil bereichern wird“ (Miller 2012: 58).

Diesem Punkt wohnt freilich eine gewisse oben bereits kritisierte Diffusität inne (2.2). Anders ist dies für den hiesigen Ansatz nur, wenn er mit der Restriktion der öffentlichen Ordnung verbunden wird. Insbesondere Miller deutet mit der Aussage, dass öffentliche Kultur durch Einwanderung bereichert werden kann, darauf, dass sich eine öffentliche Ordnung im Sinne einer gemeinsamen politischen Kultur mit mehr Zuwanderung erhalten ließe, wenn die Zuwanderer bereits zur politischen Kultur und Sprache passen würden.[68] Man kann dies zwar mit dem Argument, dass auch gerade Einwanderung von sehr unterschiedlichen Migranten die öffentliche Kultur bereichern kann, ablehnen, wenn allerdings tatsächlich so mehr Menschen geholfen werden könnte, dann wäre ein solches Vorgehen meines Erachtens legitim. Klar ist in jedem Fall, dass Nähe ansonsten ein nachrangiges Kriterium für die Auswahl von Einwanderern bleibt bzw. Zuwanderung nach dem Kriterium der

[68]Miller schließt allerdings, was Nähe betrifft, Rasse, Geschlecht und Religion als Kriterien aus. Bei Religion macht er jedoch eine Ausnahme, wenn wie im Falle Israels Religion einen Teil der öffentlichen Kultur bilde (Miller 2012: 63).

Nähe nur über die Aufnahme von Ausgeschlossenen hinaus zugelassen werden sollte. Es erscheint ethisch keinesfalls plausibel, gefühlt ‚verwandtere' Menschen aufzunehmen, Menschen in den oben angeführten Notsituationen aber abzulehnen. Nur wenn sehr viele Menschen in Not eingelassen werden müssen, aber die Restriktion der öffentlichen Ordnung gegen eine Aufnahme aller spricht, kann eine Auswahl anhand von Nähe stattfinden.

2.3.3 Nutzen

Zuletzt verbleibt das Kriterium des Nutzens zu diskutieren. Dieses ist freilich nur dann einschlägig, wenn man sich einer utilitaristischen Herangehensweise an das Problem öffnet. Ein klassischer Ansatz wird hier von *Peter Singer* vertreten. Singer geht bei der Frage der Einwanderung von den Interessen aller Betroffenen aus und lehnt mithin eine Bestimmung von Mitgliedschaft durch die bisherigen Mitglieder grundsätzlich ab (Singer 2010: 326). Der Nationalismus tritt hier an die Stelle des Speziesismus[69] als willkürliches Abgrenzungskriterium. Nach dem hieraus folgenden Prinzip der gleichen Interessenabwägung dürften die Interessen der Einwanderungswilligen in der Regel höher zu bewerten sein als die Interessen der bisherigen Staatsbürger, solange es den Einwanderungsinteressierten schlechter geht als den Staatsbürgern. Mithin sei eine Einwanderung bis zu dem Punkt zu bejahen sein, an dem der Lebensstandard für alle gleich ist (Singer 2010: 332). Als praktische Umsetzung schlägt Singer jedoch die schrittweise, aber massive Erhöhung von Einwanderungskontingenten vor und nimmt dazu gar an, dass dies sogar für die bereits ansässige Bevölkerung von Nutzen sein werde (Singer 2010: 334). Wie genau Singer zu dieser Einschätzung kommt, wird jedoch nicht ganz klar. Offenbar hat er ein maximal positives Bild von Einwanderung.

Das Problem dieses Ansatzes liegt freilich genau darin, nämlich dass zwar die ethischen Grundlagen sehr klar sind, jedoch oft im Dunkeln bleibt, wieso sich durch die ein oder andere Vorgehensweise der Nutzen aller Beteiligten erhöhen würde oder eben nicht. Bezüglich der Frage der Migration könnte man auf der Plusseite etwa argumentieren, dass die Eingewanderten oft Beziehungen zu ihren Herkunftsländern

[69] Speziesismus meint die Ungleichbehandlung von gleichen Interessen, für Singer hauptsächlich das Vermeiden von Schmerz, aufgrund von Spezieszugehörigkeit. Aus dieser Perspektive gibt es keine Rechtfertigung etwa die Schmerzen eines Menschen als ethisch relevanter zu behandeln als die von Schweinen.

erhalten und häufig Geld und andere Güter, die sie verdienen, in ihre Herkunftsländer zurückschicken. Diese sog. Rimessen sehen Cheneval und Rochel etwa als einen empirischen Verstärker für vorhandene ethische Argumente an, die für Personenfreizügigkeit sprechen, nämlich zum einen wenn es um ökonomische Selbstständigkeit als Wert geht und wenn es um die Hilfspflicht reicherer Staaten geht. Hier werde nicht nur den Migrierenden geholfen, sondern auch den Zurückgebliebenen (Cheneval/Rochel 2012: 177-182). Auf der Minusseite könnte man hingegen etwa anführen, dass durch Auswanderung den Herkunftsländern wichtige Mitglieder verloren gehen, etwa gut Ausgebildete (brain drain) oder politische Vorkämpfer für Verbesserungen (Ladwig 2012: 69). Da eben oft nicht die am schlechtesten Gestellten eines Landes, sondern eher die Bessergestellten fliehen, werde Ersteren genau dadurch nicht geholfen, sondern ihnen vielmehr geschadet, denn so würden dem Land gut ausgebildete Fachkräfte entzogen (Miller 2012: 54-55). „Für solche Fälle lässt sich festhalten: Je mehr die Aufnahme einer Migrantin im Interesse des potenziellen Gastlandes ist, desto größer ist die Wahrscheinlichkeit, dass sich die Aufnahme dieser Person negativ auf die Lebensumstände derjenigen auswirkt, die sie zurücklässt“ (Miller 2012: 63).

Offensichtlich wiedersprechen sich die Argumente der Rimessen und des brain drain diametral. Hier aber zu errechnen, ob nun ein Vorteil oder ein Nachteil für alle Beteiligten entsteht, ist äußerst schwer und könnte je nach Datengrundlage zu unterschiedlichen Ergebnissen in dem gleichen Sachverhalt führen. Vor diesem Hintergrund ist das Kriterium des Nutzens durchaus kritisch zu betrachten. Vielmehr bieten die drei Notsituationen ein deutlich handfesteres Kriterium, um über Aufnahme zu entscheiden. Jenseits der Aufnahme von Menschen in Not mag eine Nutzenkalkulation aber eine Grundlage für weitere Zuwanderungsmöglichkeiten bieten. Aus dem Utilitarismus heraus ist allerdings auch klar, dass es hierbei nicht nur auf den Nutzen der Einwanderungsgesellschaft ankommen kann, sondern stets auch die Folgen im Herkunftsland zu berücksichtigen sind.

2.4 Ein unbefriedigendes Ergebnis?

Zusammenfassend lässt sich also festhalten, dass die hier versuchte Ethik der Aufnahme dafür plädiert, möglichst alle Menschen aufzunehmen, die sich in einer der drei Notsituationen, nämlich der faktischen Ausgeschlossenheit, der Auflösung der Gemeinschaft und der fehlenden ökonomischen Überlebensfähigkeit der Gemeinschaft, befinden. Die Ethik der Aufnahme will für diese Notsituationen Abhilfe schaffen, sie richtet sich nicht gegen Armut. Hier sind tendenziell andere Methoden zu wählen. Insoweit eine Auswahl aufgrund der Restriktion der öffentlichen Ordnung im Sinne des Erhalts der Rechte sichernden politischen Gemeinschaft nicht zu vermeiden ist, stellen Nähe und Nutzen durchaus Kriterien dar, durch die innerhalb der Menschen in Not differenziert werden kann. Darüber hinaus mögen Gemeinschaften freiwillig Zuwanderung ermöglichen, jedoch müssen hierbei die Folgen für die Herkunftsländer bedacht werden.

Dieses Ergebnis mag freilich für den vom Nationalismus sowie für den von den Menschenrechten beseelten Leser unbefriedigend sein. Es versucht jedoch – wie in der Einleitung geschildert – beiden Seiten Rechnung zu tragen. Wenn man von der Menschenwürde ausgeht und die geschilderte Problemlage ernst nimmt, dann handelt es sich aus meiner Sicht um den restriktivsten Anspruch auf Einwanderung bzw. Einbürgerung, den man hieraus vertreten kann. Wer dahinter zurückbleiben möchte, sollte sich fragen, ob er nicht eher ein Anhänger einer Staatsbürgerwürde oder gar Abstammungswürde ist und inwieweit er so mit den ethischen Grundlagen Deutschlands und der EU in Konflikt steht. Wer darüber hinausgehen möchte, der mag dies tun, sollte aber bedenken, ob er einerseits wirklich den besten Weg zur Erreichung seiner ethischen Ziele gewählt hat und ob er andererseits damit nicht das System der Einteilung der Welt in begrenzte Gemeinschaften schon transzendiert hat. Es ist nicht Zweck dieses Textes über grundlegend andere ethische Positionen als die hiesige zu urteilen. Argumentiert man aber vor dem Hintergrund der Menschenwürde, dann erscheint erstere Position mir als ethisch unvertretbar, während sich zweitere Position freilich näher an einer direkten Umsetzung der ethischen Weltgemeinschaft befindet. Hier wären aber neue Modelle von Souveränität und gemeinsamer politischer Gestaltung der Welt zu entwickeln.

Dennoch verbleibt ein berechtigtes Unbehagen. Zum einen ist die Frage der Durchsetzbarkeit weiterhin ungeklärt (dazu sogleich). Zum anderen sind aber auch auf der Ebene der Ethik nicht alle Ungereimtheiten aus dem Weg geräumt. Wenn, wie hier vertreten, die Restriktion der öffentlichen Ordnung eine legitime Begrenzung für Einwanderung und Einbürgerung darstellt, dann muss es legitim sein, dass die Gemeinschaft eine Obergrenze für Einwanderung bestimmt. Die Restriktion der öffentlichen Ordnung gibt nur den argumentativen Hintergrund an, vor dem diese Grenze verteidigt werden muss. Einerseits wird damit die Entscheidung über die Obergrenze in die Hände der Gemeinschaft gelegt. Hier ließe sich mit einem Verfahren zumindest teilweise Abhilfe schaffen, in dem Einwanderungsinteressierte Argumente vortragen können, wieso die Obergrenze zu niedrig gesetzt sei. Diesen Argumenten müsste sich die Gemeinschaft dann wenigstens stellen. Andererseits führt die Legitimität einer Obergrenze an sich dazu, dass nicht auszuschließen ist, dass Menschen in den drei Notsituationen keine Aufnahme finden.[70] Das widerspräche freilich den Prinzipien der ethischen Weltgemeinschaft. Diese Spannung ist jedoch nicht aufzulösen, denn wenn die Restriktion der öffentlichen Ordnung diejenige Grenze angibt, bei deren Überschreitung die aufnehmende Gemeinschaft selbst zerfällt, dann gibt sie gleichzeitig die Grenze an, bis zu der Aufnahme überhaupt Sinn macht, mithin die Grenze des Möglichen im Hinblick auf eine Zugehörigkeitsgerechtigkeit.

[70] Hier mag vielleicht noch die von Arendt favorisierte Möglichkeit einer eigenen Staatsgründung in Frage kommen. Das wohl einzige erfolgreiche Beispiel, das nicht eine Sezession oder Teilung ist, sondern wirklich eine Neugründung ist Israel und es zeigt offenbar, dass diese Lösung nicht frei von Komplikationen ist.

Zweite Überleitung

Die hiermit formulierte Ethik der Aufnahme stellt den Versuch dar, eine Argumentation anzubieten, die sowohl für Khalid und Luan, sowie für die aufnehmende Gemeinschaft akzeptabel ist. Die aufnehmende Gemeinschaft sollte sie akzeptieren, weil es gegen die Menschenwürde verstößt, einen Menschen im Außenraum jedweder Gemeinschaft als Ausgeschlossenen zu belassen. Diese Verpflichtung trifft insbesondere diejenigen Staaten, die sich selbst der Menschenwürde verpflichtet haben. Für Khalid und Luan bedeutet das, dass sie nur Aufnahme finden können, wenn sie deutlich machen können, dass sie faktisch Ausgeschlossene sind. Das kann für sie deshalb akzeptabel sein, weil sie in dem Falle, dass sie nicht faktisch Ausgeschlossene sind, in ihre Gemeinschaft zurückkehren können.

Khalid droht bei einer Rückkehr nach Syrien einerseits Gefängnis und Folter, andererseits ein Bürgerkrieg. Durch den ersten Umstand zeigt Syrien – bzw. die Arabische Republik Syrien unter Baschar Al-Assad –, dass Khalid nicht mehr als gleichwertiges Mitglied der Gemeinschaft gewollt ist. Durch den zweiten Umstand wird deutlich, dass eine Gemeinschaft der Bürger Syriens, in die Khalid zurückkehren könnte, so gar nicht mehr existiert. Khalid kann daher die Aufnahme nicht verweigert werden. Im Sinne der Ethik der Aufnahme sollte er sogar recht bald eingebürgert werden, denn einerseits widerspricht es dem demokratischen Prinzip, dass der von Gesetzen Betroffene auch gleichzeitig ihr Autor sein sollte, und der Gleichheit aller Mitglieder eines demokratischen Gemeinwesens und andererseits ist bei der momentanen Lage in Syrien auch nicht absehbar, dass eine vorrübergehende Lösung ausreichen würde.

Luans Fall hingegen ist schwieriger. Er ist weder faktisch ausgeschlossen, noch zerfällt seine Gemeinschaft Albanien in Folge eines Krieges, noch ist es unmöglich, wirtschaftlich in Albanien zu überleben. Es wäre aber aufgrund seiner prekären Lebenssituation zu fragen, ob seine Gemeinschaft nicht durch wirtschaftliche Diskriminierung deutlich zeigt, dass er nicht als vollwertiges Mitglied in ihr gewollt ist. Dass sein Kind, das unter Epilepsie leidet, medizinisch versorgt wird, spricht dagegen. Dass er keine Arbeit und vor allem kein Haus hat, spricht dafür. In der Tat ist diese Frage schwierig zu entscheiden. Von vorneherein eine Aufnahmeverpflichtung für ausgeschlossen zu halten, wäre jedoch falsch. Sollte Luan etwa zu der Gruppe der Roma gehören, dann wird die Frage, inwieweit er und seine Familie nicht auch gerade deshalb faktisch Ausgeschlossene sind, ernsthaft zu diskutieren sein.[71]

Luan und Khalid haben Asyl in der BRD beantragt, in der nach deutschem, europäischem und internationalem Recht über Asylanträge entschieden wird (3.2). Khalid wird höchstwahrscheinlich aufgenommen werden. Er wird zumindest subsidiären Schutz wegen dem Bürgerkrieg erhalten.[72] Luan hingegen wird sehr sicher kein Asyl erhalten. Seine prekäre wirtschaftliche Situation stellt nach geltendem Recht keinen Asylgrund dar. Mithin zeigen die beiden Fälle, dass die Kriterien der hier entwickelten Ethik der Aufnahme und des geltenden Rechts nicht gänzlich verschieden sind, aber in doch in einigen Fällen zu unterschiedlichen Wertungen und Ergebnissen kommen.

[71] Tatsächlich werden die Roma in ihren Heimatländern stark diskriminiert, so auch auf dem Balkan, SZ 22. Juli 2015, Nr. 166, S. 6. In verschiedenen Ländern der EU haben sie sehr unterschiedliche Erfolgschancen, Asyl zu finden, SZ 30. Juli 2015, Nr. 173, S. 9, woran sich zeigt, dass es in der Tat zu diskutieren wäre, ob hier ein faktischer Ausschluss vorliegt.

[72] Die Regelungen des (offensichtlich defizitären) Dublin-Verfahrens bleiben hier außer Betracht. In Khalids Fall würde es jedoch zu keiner Abschiebung über das Dublin-Verfahren kommen. Er ist über Griechenland, Ungarn und Österreich eingereist. Nach Griechenland werden momentan keine Abschiebungen mehr durchgeführt und Ungarn verlangt schriftliche Belege für die Durchreise, die nicht existieren(Süddeutsche Zeitung, 27./28. Juni 2015, Nr. 145, S. 6).

3. Teil Anwendung

Wenn es nun aber an die Anwendung der Ethik der Aufnahme geht, dann ist nach allem bisher Gesagten zunächst einmal ein Schritt zurückzutreten. Es kann nicht darum gehen, einfach Differenzen zwischen momentanen Regelungen und der Ethik der Aufnahme festzustellen und dann zu verlangen, die Differenzen zu beseitigen in der Annahme, man habe die überlegene ethische Position gefunden, die nun nur noch schlicht durchexerziert werden müsse. Vielmehr besteht der Inhalt dieses Kapitels darin, deutlich zu machen, warum eine Ethik der Aufnahme im Interesse aller Beteiligten liegt und gleichzeitig kein Beteiligter mit einer solchen Ethik überfordert wäre.

3.1 Rahmen

Auch O'Malley richtet sich in seinem Vorschlag der Value Ethics gegen den Aufbau von möglichst starken Positionen (positioning), weil er sie für die Lösung praktischer Problem nicht angemessen hält (O'Malley 2013: 72-73). Er versucht hingegen die Interessen von Betroffenen miteinzubeziehen unter Zuhilfenahme des Mutual Gains Approach (MGA). Der Vorteil dieses Ansatzes sei, dass er ermögliche, akzeptable Lösungen für ethische Probleme zu finden, ohne dabei bestimmte philosophische Positionen vorauszusetzen (O'Malley 2013: 71). O'Malley übernimmt als eine Grundlage seines Konzepts die Differenzierung von John Dewey zwischen „value" als Substantiv und als Verb. Während value im Sinne eines Substantivs auf einen Wert an sich verweist, geht mit value als Verb (to value sth.) um ein Wertschätzen von etwas. Baute man eine Angewandte Ethik auf zweiteres Verständnis, dann ließen sich ontologische Fragen außen vor lassen und es sei möglich, darauf zu schauen, was Menschen konkret wertschätzen. Diese Wertschätzungen sind dann in ein Verhältnis zueinander zu bringen (O'Malley 2013: 78).

Der MGA baut auf sieben Elementen auf, von denen hier im Folgenden vier eine Rolle spielen werden. Zunächst geht der MGA von Interessen aus und unterscheidet sie von Positionen. Zwar liegen Interessen Positionen zugrunde, doch im Unterschied zu diesen lassen sich zur Erfüllung von Interessen verschiedene Wege finden, während Positionen fest stehen (O'Malley 2013: 81-82). Zweitens sollte jede Partei ihre Alternativen zur Verhandlung bedenken. Grenzwert für erfolgreiche Verhandlungen ist die Best Alternative to a Negotiated Agreement (BATNA) (O'Malley 2013: 83). In der Verhandlung werden drittens Optionen herausgearbeitet (O'Malley 2013: 84), die sich viertens an Legitimitätsstandards orientieren. Hierüber wird reine Subjektivität in dem Rahmen begrenzt, wie gewisse ethische Prinzipien in einer Gesellschaft schon grundsätzlich anerkannt sind (O'Malley 2013: 85-86).[73]

Im Normalfall beschäftigt sich der MGA mit Interessen. Geht es jedoch wie hier nicht nur um bloße Interessen, sondern auch um Werte, wird differenziert. Während bezüglich Interessen ein Kompromiss möglich sei, werde ein solcher im Hinblick auf Werte subjektiv oft als deren Aufgabe bzw. Einschränkung wahrgenommen (Susskind 2008: 191-192). Tatsächlich sei eine Verhandlung über Werte, die zu Veränderung von Werten führt, die die Beteiligten für wichtig halten, kaum möglich, sondern nur als langer Prozess denkbar (Susskind 2008: 193).

Daher erfordert das Verhandeln von Werten ein grundsätzlich anderes Vorgehen der Parteien. Es sei zunächst wichtig, dass alle Beteiligten verstehen, dass es um Werte geht. Artikuliert die eine Seite Werte, aber die andere hält sie für Interessen und bietet daher etwa eine Kompensation an, dann wird die erste Seite verständlicherweise verärgert reagieren, denn für Werte ist eine Kompensation ungleich schwerer wie für Interessen. Wenn andersherum die erste Seite nur Interessen artikuliert, die zweite Seite sie jedoch für Werte hält, wird sie deutlich zu vorsichtig in die Verhandlung einsteigen (Forester 2008: 227-230). „We fall into negotiation traps if we either take other`s value claims too seriously (and so preempt exploration and search) or take those claims too lightly (and so fail to devise solutions that can actually satisfy the other`s values)" (Forester 2008: 230).

[73]Die letzten drei Punkte (5-7) sind Communication, Relationship und Commitment(O'Malley 2013: 87-89). Diese brauchen hier nicht weiter diskutiert werden.

Im Falle von Wertdifferenzen sei daher erst einmal ein allseitiger Lernprozess über die Werte der jeweils anderen nötig. Dabei ist sowohl der Einbezug von und die Offenheit für Argumente aller Beteiligten nötig (Susskind 2008: 204), als auch zumindest in Betracht zu ziehen, dass die eigene Position falsch sein könnte (Susskind 2008: 202). Als Ergebnis eines solchen Prozesses mag festgestellt werden, dass sich die involvierten Werte gar nicht so sehr widersprechen oder es könnte zumindest ein höherrangiger geteilter Wert gefunden werden (Susskind 2008: 200). Solche kommen etwa als Legitimitätsstandards für konkretere Lösungen in Frage. Es ist aber auch möglich, dass festgestellt wird, dass die Werte nicht zu versöhnen sind und daher keine für alle Seiten tragfähige Lösung möglich ist. Dies sollte aber stets keine Annahme zu Beginn, sondern das Ergebnis eines gemeinsamen Lernprozesses sein. Selbst in einem solchen Fall gäbe es zwischen den Beteiligten eine minimale Übereinkunft – nämlich die, dass die Wertedifferenzen in der Tat unversöhnlich sind (Forester 2008: 234). Ist dies der Fall, mag immer noch eine Übereinkunft über praktische Zusammenarbeit zu finden sein (Forester 2008: 241). In jedem Fall sollte als Zielsetzung zumindest versucht werden statt einer Kompensation für Nachteile nach tatsächlichen Verbesserungen für alle Beteiligten zu suchen (Susskind 2008: 207). „A community must be substantially better off if it is expected to „host" a development" (Susskind 2008: 204). Die untere Grenze für den Wert einer Vereinbarung bleibt dabei das BATNA.

Ein solcher Prozess kann hier freilich nicht geleistet werden. Es wäre auch nicht sinnvoll, einen Aushandlungsprozess zu fingieren. Stattdessen soll einen Vorschlag unterbreitet und versucht werden deutlich zu machen, wieso es für die Beteiligten Parteien klug sein könnte, diesem zuzustimmen. Hierbei ist es allerdings möglich, sich an den Prinzipien des MGA zu orientieren. So ist der hiesige Vorschlag als Versuch bezeichnet worden. Er beansprucht keine absolute Richtigkeit. Vielmehr stellt gerade der erste Teil einen Lernprozess dar, der eruiert, inwieweit die zugrunde gelegten an der Gemeinschaft orientierten (kommunitaristischen) und an Menschenrechten und Menschenwürde orientierten (liberalen) Wertvorstellungen miteinander vereinbar sind. Während sie als fundamentale Werte verstanden tatsächlich unvereinbar sind, zeigte sich, dass praktisch eine Versöhnung zumindest möglich ist. Die verbleibende Lücke, die dadurch entsteht, das nicht immer alle Menschen Teil einer Gemeinschaft sind, versucht die Ethik der Aufnahme zu schließen.

3.2 Das Aufnahmesystem Deutschlands und der Europäischen Union

Es gibt jedoch bereits andere Mechanismen, die ebenfalls darauf zielen, diese Lücke zu schließen. Bevor nach Gründen für die Umsetzung der Ethik Aufnahme gesucht wird, sollten diese zunächst dargestellt werden.

3.2.1 Einlass und rechtliche Statûs

In Kürze ist dies jedoch kaum zu leisten, da die Aufnahmekriterien tatsächlich zahlreich sind und teilweise sogar deutlich redundant, was sich aus ihrer Entstehungsgeschichte heraus erklärt (Tiedemann 2015: 95). Es ist jedoch immerhin so, dass die jüngste Fassung dieser Regeln für die ganze Europäische Union einheitlich ist. Sie ergeben sich im Wesentlichen aus der sog. Qualifikationsrichtlinie (QRL)[74] der EU, sowie aus der Europäischen Menschenrechtskonvention (EMRK) des Europarates. In Deutschland gibt es insgesamt sechs unterschiedliche Schutzstatûs, denen Geflüchtet unterfallen können (Tiedemann 2015: 27). Hierzu gehört erstens der Flüchtlingsstatus der Genfer Flüchtlingskonvention (Art. 1 GFK) (1). Der Schutzstatus, der aus Art. 16a GG resultiert hingegen muss hier nicht behandelt werden, da er zu demjenigen aus der GFK redundant und deshalb in der momentanen Praxis obsolet ist. Der zweite bedeutende Schutzstatus neben dem Flüchtlingsstatus ist der subsidiäre Schutz (2). Desweiteren zu behandeln sind die Abschiebungsschutzberechtigung (3) und -begünstigung (4), sowie das Familienasyl (5).[75] Die internationalen Regelungen sowie die Qualifikationsrichtlinie der EU sind in der BRD in nationales Recht umgesetzt, im Wesentlichen im Asylverfahrensgesetz (AsylVfG) und dem Aufenthaltsgesetz (AufenthG). Die Kriterien der jeweiligen Schutzstatûs lassen sich stets in Inklusions- und Exklusionsgründe unterteilen.

---

[74] Richtlinie 2011/95/EU.

[75] Das Asylrecht aus Art. 16a GG – der sechste Schutzstatus – bleibt hier unberücksichtigt, da es sich im Wesentlichen mit dem Flüchtlingsstatus deckt, jedoch einen etwas schmaleren Tatbestand umfasst, weshalb es in der Praxis heute nahezu bedeutungslos ist (Tiedemann 2015: 28-29).

(1) Flüchtlingsstatus nach Genfer Flüchtlingskonvention

Flüchtling nach der Genfer Flüchtlingskonvention (§ 3 AsylVfG, Art. 1 GFK) ist (Inklusionsgründe), wer sich aus begründeter Furcht[76] vor Verfolgung, durch wen auch immer[77] wegen seiner Rasse, Religion, Nationalität, politischer Überzeugung, Zugehörigkeit zu einer bestimmten sozialen Gruppe (Verfolgungsgründe) außerhalb des Landes seiner Staatsangehörigkeit oder als Staatenloser außerhalb des Landes seines gewöhnlichen Aufenthalts befindet und den Schutz seines Heimatstaates nicht in Anspruch nehmen kann oder wegen der Befürchtung nicht in Anspruch nehmen will (Schutzlosigkeit).

Besonders interessant sind hier die Merkmale der Verfolgung, der Verfolgungsgründe und der Schutzlosigkeit. Eine Verfolgung (3a AsylVfG, Art. 9 QRL) kann erstens in einer schwerwiegenden Verletzung grundlegender Menschenrechte bestehen, aber zweitens auch in einer Kumulation unterschiedlicher Maßnahmen, unter denen auch Menschenrechtsverletzungen sind und die insgesamt so schwerwiegend sind wie eine schwerwiegende Verletzung unter erstens. Beispiele sind etwa physische und psychische, sowie sexuelle Gewalt, gesetzliche, administrative oder polizeiliche Maßnahmen, die diskriminierend wirken, unverhältnismäßige oder diskriminierende Strafen, Verweigerung des gerichtlichen Rechtsschutzes mit der Wirkung einer unverhältnismäßigen Bestrafung und Strafverfolgung bei Verweigerung des Militärdienstes. Die Verfolgung muss individuell gegen die betroffene Person gerichtet sein, jedoch reicht auch eine Gruppenverfolgung, wenn der Verfolger hinreichend durch Taten gezeigt hat, dass er alle Mitglieder einer Gruppe verfolgen möchte.[78] Unter den Flüchtlingsstatus fällt nicht die Situation eines Bürgerkrieges. Denn wer vor Bürgerkrieg flieht, flieht nicht vor einer Situation des Ausschlusses aus einer staatlichen Friedensordnung, weil der Staat hier Bürgerkriegspartei ist und es keine Friedensordnung zum Ausschließen mehr gibt. Eine Ausnahme

[76] Hier wird eine subjektiv-objektive Betrachtung zugrunde gelegt: Es muss eine subjektive Wahrnehmung geben, die objektive Gründe hat, insbesondere Vorverfolgung oder Verfolgung anderer mit gleichen Gruppenmerkmalen (Tiedemann 2015: 34).

[77] Staatliche, sowie nichtstaatliche Akteure und auch Einzelpersonen kommen in Frage (Tiedemann 2015: 41-42).

[78] Möglich sind auch sog. Nachfluchttatbestände. Dies meint den Umstand, bei dem der Verfolgte erst sein Land verlassen hat und die Verfolgung danach einsetzt.

stellt jedoch die physische Vernichtung von nicht mehr Kämpfenden dar (Tiedemann 2015: 34-41).[79]

Die Verfolgungsgründe (§ 3b AsylVfG, Art. 10 QRL) haben gemeinsam, dass es bei der Verfolgung um solche Eigenschaften der Person geht, die für sie unverfügbar sind im subjektiven Sinne, „also um Merkmale, über die man solange nicht verfügen kann, wie man die Persönlichkeit bleibt, die man ist“ (Tiedemann 2015: 44). Hierzu gehören Rasse, Religion[80], Nationalität[81], Politische Überzeugung[82] und Mitgliedschaft in einer bestimmten sozialen Gruppe. Bei dem letzten Grund kommt es darauf an, dass die Gruppe von außen, also durch die sie umgebende Gesellschaft, als andersartig betrachtet wird aufgrund eines angeborenen Merkmals, eines gemeinsamen unveränderlichen Hintergrund – etwa Herkunft – oder eine Glaubensüberzeugung, deren Veränderung der Gruppe nicht zugemutet werden soll. Die Mitgliedschaft in einer bestimmten sozialen Gruppe ist also ein Auffangtatbestand unter den etwa Geschlecht oder sexuelle Orientierung fallen können. Interessant ist hier insbesondere die Lehre vom Polit-Malus. Nach ihr können solche Fälle, in denen jemand für eine Tat bestraft wird, für die jeder andere auch bestraft werden würde, die Bestrafung jedoch deutlich härter ausfällt als in anderen Fällen, auch als Verfolgung gewertet werden. Es ist also grundsätzlich möglich, dass eine Handlung, die keine Verletzung von Menschenrechten darstellt – etwa weil eine Bestrafung für die Tat grundsätzlich angemessen ist – durch eine Diskriminierung aufgrund von politischer Motivation des Täters zu einer Verfolgung im Sinne des Flüchtlingsrechts wird (Tiedemann 2015: 44-51).

Zuletzt setzt Schutzlosigkeit die Unmöglichkeit voraus, anderweitig – insbesondere innerhalb des Herkunftsstaates – Schutz zu suchen. Dies ist der Fall bei einer Verfolgung durch den Herkunftsstaat, einer Verfolgung durch Dritte auf dem Gebiet des Herkunftsstaats bei fehlender Fähigkeit oder fehlendem Willen des Herkunftsstaats, Schutz zu bieten, und einer Verfolgung in einem Drittstaat aber fehlendem Schutz durch den Herkunftsstaat wegen Mangel an Staatsgewalt. Jedoch ist ein Schutz durch nicht-staatliche Organisationen oder internationale Organisationen auf dem Staatsgebiet möglich – sog. inländische Fluchtal-

[79] Siehe auch BVerfG Beschluss vom 10.07.1989 – 2 BvR 502/86 (Tamilen).

[80] Hierzu gehört auch die öffentliche Praxis der Religion, sowie ethische Einstellung, die religiös begründet sind, etwa Wehrdienstverweigerung.

[81] Gemeint ist nicht nur Staatsangehörigkeit, sondern auch ethnische und sprachliche Identität.

[82] Insbesondere auch deren Äußerung.

ternative – und auch eine Aufnahme durch anderen Staat schließt die Schutzlosigkeit aus (Tiedemann 2015: 51-53).

Ein Geflüchteter, dessen Situation die Inklusionsgründe erfüllt, kann jedoch aufgrund von Exklusionsgründen (§ 3 Abs. 2 AsylVfG, Art. 12 QRL, Art. 1 D, E, F GFK) der Flüchtlingsstatus verweigert werden. Kein Flüchtling im Sinne der GFK ist somit, wer Schutz und Beistand einer Organisation oder Institution der Vereinten Nationen genießt[83], Völkerrechtsverbrechen begangen hat[84], schwere nichtpolitische Verbrechen außerhalb des Aufnahmelandes begangen hat[85], Handlungen vorgenommen hat, die den Zielen und Grundsätzen der UN zuwiderlaufen[86] oder wenn der Geflüchtete aus schwerwiegenden Gründen als eine Gefahr für die Sicherheit der BRD oder eine Gefahr für die Allgemeinheit anzusehen ist, weil er wegen einer Straftat rechtskräftig zu einer Freiheitsstrafe von mindestens drei Jahren verurteilt worden ist[87] (Tiedemann 2015: 53-57).

(2) Subsidiärer Schutz

Während es bei der Flüchtlingseigenschaft hauptsächlich um die Verfolgung aufgrund bestimmter politischer Motive handelt, geht es bei dem subsidiären Schutz (§ 4 AsylVfG) um die objektive Gefährlichkeit der Situation in dem Herkunftsland des Geflüchteten. Der Schutz ist deshalb subsidiär, weil er voraussetzt, dass dem Geflüchtete nicht die Flüchtlingseigenschaft zukommt (Art. 2 lit. f) QRL). Zweitens muss die tatsächliche Gefahr des Eintretens eines ernsthaften Schadens vorliegen (Art. 15 QRL, § 4 Abs. 1 AsylVfG). Ein solcher ernsthafter Schaden ist die Verhängung oder Vollstreckung der Todesstrafe, Folter oder unmenschliche oder erniedrigende Behandlung oder Bestrafung sowie eine ernsthafte individuelle Bedrohung des Lebens oder der Unversehrtheit

[83] Insbesondere Palästinenser fallen hierunter (UNRWA). Ausnahmen sind bei mangelndem Schutz möglich.

[84] Verbrechen gegen den Frieden, Kriegsverbrechen, Verbrechen gegen die Menschlichkeit.

[85] Hierunter fallen auch terroristische Taten, wenn sie sich gegen Zivilbevölkerung gerichtet haben. Der Exklusionsgrund gilt rückwirkend, nicht als Prävention, jedoch nicht, wenn bereits eine Strafe verbüßt wurde (EuGH 09.11.2010).

[86] Da nur Staaten verpflichtet sind, kommen hier nur Personen in Frage, die eine entsprechende Machtposition in einem Staat innehaben. Heute fasst man aber auch internationalen Terrorismus darunter.

[87] Hierbei handelt es sich um nationales Recht der BRD im Rahmen von Art. 14 Abs. 4, 5 QRL (§ 3 Abs. 4 AsylVfG i.V.m. § 60 Abs. 8 S. 1 AufenthG).

einer Zivilperson infolge willkürlicher Gewalt im Rahmen eines internationalen oder innerstaatlichen bewaffneten Konflikts. Dieses letzte Kriterium ist allerdings äußerst unklar formuliert, weshalb eine Konkretisierung durch den EuGH notwendig war.[88] Hiernach kommt es darauf an, „dass stichhaltige Gründe für die Annahme sprechen, dass eine Zivilperson in dem betreffenden Land allein durch ihre Anwesenheit tatsächlich Gefahr läuft, einen ernsthaften Schaden hinsichtlich Leben oder Unversehrtheit zu erleiden" (Tiedemann 2015: 73). Es geht also nicht mehr um spezielle Merkmale des Einzelnen, sondern es kommt nur noch auf die konkrete Situation in dem jeweiligen Land an. Auch hier greifen jedoch Exklusionsgründe: Der Geflüchtete darf keine Verbrechen gegen den Frieden, Kriegsverbrechen und Verbrechen gegen die Menschlichkeit begangen haben, sowie auch sonst keine schwere Straftat. Ebenso darf er keine Handlungen, die den Zielen und Grundsätzen der Vereinten Nationen zuwiderlaufen, ausgeführt und keine Gefahr für die Allgemeinheit oder die Sicherheit der Bundesrepublik Deutschland darstellen. Auch darf er nicht Andere zu den genannten Handlungen und Straftaten angestiftet haben (Tiedemann 2015: 70-75).

Der resultierende Status aus der Flüchtlingseigenschaft und dem subsidiären Schutz ist bezüglich der damit verbundenen Rechte im Wesentlichen derselbe, nur sind die Wartezeiten bis zu einer dauerhaften Niederlassungserlaubnis sehr unterschiedlich. Während Menschen mit Flüchtlingsschutz zunächst eine dreijährige Aufenthaltserlaubnis (§ 26 Abs. 1 S. 2 AufenthG) und nach diesen drei Jahren eine Niederlassungserlaubnis bekommen, erhalten Menschen mit subsidiärem Schutz zunächst nur eine Aufenthaltserlaubnis für ein Jahr, die um jeweils zwei Jahre verlängert werden kann (§ 26 Abs. 3 S. 3 AufenthG), und erst nach sieben Jahren eine Niederlassungserlaubnis unter der zusätzlichen Bedingung, dass der Betroffene seinen Lebensunterhalt sichern kann (§ 9 Abs. 2 AufenthG). Und auch dies liegt im gebundenen Ermessen der Ausländerbehörde (§ 26 Abs. 4 AufenthG) (Tiedemann 2015: 75-76).

(3), (4) Abschiebungsschutzberechtigung und -begünstigung

Während Flüchtlingseigenschaft und subsidiärer Schutz Exklusionsgründe beinhalten, ist dies bei dem sog. nationalen subsidiärer Schutz bzw. Abschiebungsschutzberechtigung und -begünstigung nicht der

[88] EuGH vom 17.02.2009 – C 465/07 Elgafaji.

Fall. Allerdings ist hiermit auch kein rechtlicher Status mehr verbunden, sondern es geht nur darum, nicht abgeschoben zu werden. Die Betroffenen verbleiben also in der BRD, ihr Aufenthalt ist aber mangels Aufenthaltserlaubnis illegal (§ 25 Abs. 3 AufenthG). Die Abschiebungsschutzberechtigung ergibt sich aus den Menschenrechten der EMRK (§ 60 Abs. 5 AufenthG). Immer wenn durch eine Abschiebung gegen diese Rechte verstoßen würde, ist eine Abschiebung nicht möglich. Stellt ein Geflüchteter z.B. eine Gefahr für die Sicherheit der Bundesrepublik dar oder hat er eine schwere nichtpolitische Straftat begangen, droht ihm aber in dem Land, in das er abgeschoben werden würde Folter, unmenschliche oder erniedrigende Behandlung (Art. 3 EMRK), verbleibt er als ‚Illegaler' in der BRD. Die Abschiebungsschutzbegünstigung (§ 60 Abs. 7 S. 1 AufenthG) gibt ein Ermessen an, nach dem auf die Abschiebung bei einer anderen erheblichen Gefahr für Leib, Leben oder Freiheit verzichtet werden kann. Da die meisten Fälle einer solchen Gefahr auf eine irgendwie geartete Handlung zurückgehen, bei deren Vorliegen die Menschen in der Regel unter subsidiären Schutz fallen, verbleiben hierfür als Anwendungsbereich fast nur Naturkatastrophen, ein höchst ineffizientes Gesundheitssystem bei schwerer Erkrankung des Geflüchteten oder das Fehlen einer minimalen Infrastruktur im Herkunftsland (Tiedemann 2015: 76-89).

(5) Familienasyl

Zuletzt verbleibt das Familienasyl (§ 26 AsylVfG) für Angehörige eines sog. Stammberechtigten, also Flüchtling oder subsidiär Geschütztem. In Frage kommen Ehegatten und Lebenspartner, sowie minderjährige und ledige Kinder oder Geschwister und Eltern von minderjährigen und ledigen Kindern. Auch hier greifen allerdings die oben beschriebenen Exklusionsklauseln. Im Falle eines Abschiebeschutzberechtigten oder -begünstigten ist kein Familienasyl möglich (Tiedemann 2015: 80-82).

In diesen Aufnahmekriterien hat sich bisher offenbar gar nicht die Frage des sog. ‚Klimaflüchtlings' – also der Flucht aufgrund von klimatischen Veränderungen durch die Klimaerwärmung – niedergeschlagen. Bekannt ist lediglich der Fall von Ioane Teitiota, der jüngst mit seinem Versuch als erster ‚Klimaflüchtling' anerkannt zu werden vor dem Surpreme Court von Neuseeland letztinstanzlich gescheitert ist. Interessant an der Entscheidung ist allerdings, dass der Surpreme Court einen Schutz für Geflüchtete vor Klimaveränderungen nicht grundsätzlich ausgeschlossen hat, sondern darauf verwiesen hat, dass Herrn Teitiotas Herkunftsstaat Kiribati genug unternehme, um seine Bürger zu schützen und im Moment keine starke Bedrohung vorhanden sei.[89]

3.2.2 Möglichkeiten der Einbürgerung

Zwar stellt die Niederlassungserlaubnis, die Menschen mit Flüchtlingsstatus oder subsidiärem Schutz bekommen können, einen dauerhaften Aufenthaltsstatus dar, der auch mit weitereichenden sozialen Rechten verbunden ist[90], doch bleiben Niedergelassene weiterhin Ausländer. Sie haben dadurch keine Staatsbürgerschaft und können z.B. nicht bzw. nur sehr begrenzt an Wahlen teilnehmen. Das Einbürgerungsrecht fällt jedoch nicht in den Kompetenzbereich der EU, sondern unterliegt nationalem Recht der Mitgliedsstaaten. In Deutschland wird es im Staatsangehörigkeitsgesetz (StAG) geregelt. Einige der Vorschriften bieten hier einen sehr weiten Ermessensspielraum. So *können* Ausländer, die rechtmäßig ihren gewöhnlichen Aufenthalt im Inland haben, eingebürgert werden, wenn keine Straftat vorliegt, sie eine eigene Wohnung oder ein Unterkommen gefunden haben und sich und ihre Angehörigen zu ernähren imstande sind (§ 8 Abs. 1 StAG). Möglich ist eine Einbürgerung also ohne eine besondere Form von Wartezeit. Eingebürgert werden *muss* der Antragssteller aber erst dann, wenn er seit acht Jahren regelmäßig seinen gewöhnlichen Aufenthaltsort im Inland hat. Weiterhin muss er sich zur freiheitlich demokratischen Grundordnung bekennen, ein unbefristetes Aufenthaltsrecht besitzen, den Lebensunterhalt für sich und seine Familienangehörigen bestreiten können, seine bisherige Staatsangehörigkeit verlieren oder aufgeben, nicht wegen einer Straftat verurteilt sein, über ausreichende Kenntnisse der deutschen Sprache verfügen (B1 des Gemeinsamen Europäischen Referenzrahmens für Sprachen) und Kenntnisse der Rechts- und Gesellschaftsordnung und der Lebensverhältnisse in Deutschland haben (Einbürgerungstest) (§ 10 Abs. 1 StAG). Die Frist von acht Jahren kann durch die erfolgreiche Teilnahme an einem Integrationskurs auf sieben Jahre, bei Nachweis

---

[89] Judgement of the Court from 20 July 2015, `https://forms.justice.govt.nz/search/Documents/pdf/jdo/44/alfresco/service/api/node/content/workspace/SpacesStore/d9f0149d-3d9c-413e-839b-1063cb04918e/d9f0149d-3d9c-413e-839b-1063cb04918e.pdf`, zuletzt eingesehen 09.08.2015, 16:59.

[90] Anspruch auf Elterngeld, Kindergeld, Unterhaltsvorschuss, Grundsicherung für Arbeitssuchende sowie BAFöG (Tiedemann 2015: 75-76).

besserer Sprachkenntnisse auf sechs Jahre verkürzt werden.[91] Exklusionsgründe gibt es nur zwei: Erstens darf nicht eingebürgert werden, wenn tatsächliche Anhaltspunkte die Annahme rechtfertigen, dass der Ausländer Bestrebungen verfolgt oder verfolgt hat, die gegen die freiheitlich demokratische Grundordnung etc. gerichtet sind und zweitens wenn ein besonderes Ausweisungsinteresse wegen Schleuserstraftaten nach §§ 96, 97 AufenthG vorliegt (§ 11 StAG).

Einbürgerungen finden in Deutschland in nur geringer Zahl statt. 2014 wurden es insgesamt 108.422 Menschen eingebürgert, davon 82.874 nach § 10 Abs. 1 StAG bei einem bisherigen Aufenthalt von über 8 Jahren[92], hingegen nur 3630 nach § 8 Abs. 1 StAG ohne besondere Wartezeit.[93] Die Einbürgerungsquote lag 2014 damit bei 1,46% der ausländischen Gesamtbevölkerung in Deutschland, das sog. Einbürgerungspotenzial (gerechnet auf die Anzahl der Ausländer mit Aufenthaltsdauer von mehr als 10 Jahren) bei 2,2%.[94] Die durchschnittliche Aufenthaltsdauer vor der Einbürgerung betrug 16,4 Jahre.[95] In der Statistik sind allerdings auch 26.541 EU-Bürger – also Menschen, die zuvor Bürger eines anderen EU-Staates waren – enthalten.[96]

---

[91] Desweiteren sollen (Ermessen!) auch Ehegatten oder Lebenspartner eingebürgert werden, wenn sie ihre bisherige Statsangehörigkeit verlieren oder aufgeben (Ausnahmen möglich) und gewährleistet ist, dass sie sich in die deutschen Lebensverhältnisse einordnen und über ausreichende Kenntnisse der deutschen Sprache verfügen. (§ 9 Abs. 1 StAG).

[92] Weitere 1518 mit siebenjähriger Frist wegen einem erfolgreichen Integrationskurs und 2281 nach sechsjähriger Frist wegen einem erfolgreichen Integrationskurs und besonderer Integrationsleistung.

[93] Statistisches Bundesamt, Fachserie 1 Reihe 2.1, Bevölkerung und Erwerbstätigkeit – Einbürgerungen 2014, S. 126, `https://www.destatis.de/DE/Publikationen/Thematisch/Bevoelkerung/MigrationIntegration/Einbuergerungen2010210147004.pdf?__blob=publicationFile`, zuletzt eingesehen 11.08.2015, 14:36. Die restlichen Einbürgerungen waren Miteinbürgerungen der Familie (5893) oder Einbürgerungen aufgrund von Ehe oder Lebenspartnerschaft mit Deutschen (9320).

[94] Statistisches Bundesamt, Fachserie 1 Reihe 2.1, Bevölkerung und Erwerbstätigkeit – Einbürgerungen 2014, S. 16, `https://www.destatis.de/DE/Publikationen/Thematisch/Bevoelkerung/MigrationIntegration/Einbuergerungen2010210147004.pdf?__blob=publicationFile`, zuletzt eingesehen 11.08.2015, 14:36.

[95] Statistisches Bundesamt, Fachserie 1 Reihe 2.1, Bevölkerung und Erwerbstätigkeit – Einbürgerungen 2014, S. 84, `https://www.destatis.de/DE/Publikationen/Thematisch/Bevoelkerung/MigrationIntegration/Einbuergerungen2010210147004.pdf?__blob=publicationFile`, zuletzt eingesehen 11.08.2015, 14:36.

[96] Statistisches Bundesamt, `https://www.destatis.de/DE/ZahlenFakten/GesellschaftStaat/Bevoelkerung/MigrationIntegration/EingebuergertePersonen/Tabellen/StaatsangehoerigkeitEinbuergerungen.html`, zuletzt eingesehen 11.08.2015, 14:52.

3.3 Verhandlung

Es ist jedoch so, dass diese Aufnahme- und Einbürgerungskriterien selten in der öffentlichen Debatte in der BRD diskutiert werden. Die Diskussion bezüglich Geflüchteten dreht sich im Wesentlichen vielmehr um die Unterbringung, Verteilung und die rechtlichen Statûs der Geflüchteten unter den einzelnen Schutzkategorien, aber nicht um die Frage nach den Schutzkategorien selbst. Das wenig über die Aufnahmekriterien diskutiert wird, mag daran liegen, dass einerseits schon die Aufnahme der unter jetzigen Kriterien Aufnahmeberechtigten schwierig ist und andererseits Einigungen auf solche Kriterien äußerst schwer zu verhandeln sind. Durch eine zeitliche Erweiterung des Blickes zeigt sich jedoch, dass es tatsächlich so ist, dass sich das Flüchtlings- und Asylrecht beständig verändert. Die Genfer Flüchtlingskonvention von 1951 stellte eine Abkehr von der Orientierung vom Flüchtlingsstatus an bestimmten Volksgruppen hin zu einer abstrakten Fassung orientiert an Verfolgung dar, wodurch freilich große Gruppen notleidender Menschen durch (Bürger-)Kriege oder Naturkatastrophen weiter nicht als Flüchtlinge betrachtet wurden (Tiedemann 2015: 99). 1967 wurde diese Definition der vorherigen zeitlichen Begrenzung auf Flucht durch Ereignisse vor dem 1. Januar 1951 enthoben (Tiedemann 2015: 100). Mit der Einführung des subsidiären Schutzes auf Ebene der Europäischen Union 2004 wurde der Kreis der Schutzberechtigten erneut deutlich erweitert, nämlich um Kriegs- bzw. Bürgerkriegsflüchtlinge. Hier geht es nicht mehr um zielgerichtete Verfolgung, sondern um die Gefährlichkeit einer Lebenssituation überhaupt (Tiedemann 2015: 105). Die Kriterien der Aufnahme von Menschen in Not befinden sich also durchaus im Fluss. Eine Bewegung, die sich auch aus dem im ersten Teil erläuterten Spannungsverhältnis zwischen ethischer Weltgemeinschaft in Menschenwürde und ‚Menschenrechten' und deren Umsetzbarkeit in konkreten Gemeinschaften erklären lässt. Daher erscheint es grundsätzlich angebracht, diese Kriterien zu thematisieren und nach etwaigen Verbesserungen zu suchen.

3.3.1 Interessen, Werte und Legitimitätsstandards

Auf Seiten der EU und der BRD mag zwar eine gewisse – zumindest pragmatische – Einigkeit herrschen, was die Aufnahmekriterien angeht, diese Einigkeit bezieht sich aber offenbar nicht auf die Geflüchteten, die Aufnahme suchen. Zwar fehlt den Geflüchteten offenbar so etwas wie eine politische Vertretung, sie zeigen jedoch performativ durch ihre Flucht und Ankunft in der EU, dass sie grundsätzlich alle ihre eigene Aufnahme für gerechtfertigt halten. Man kann somit in ihrem Verhalten auch einen politischen Protest gegen die Aufnahmeprinzipien der EU und der BRD sehen. Wollen EU und BRD hiergegen argumentieren, dann muss sie gute ethische Argumente anführen, die auch für die Geflüchteten einsichtig sind (1.6).[97]

Während den Geflüchteten also ein Interesse unterstellt werden kann, aufgenommen zu werden, haben EU und BRD einerseits ein Interesse, nicht alle Geflüchteten aufnehmen zu müssen und die Kontrolle über die Aufnahme zu behalten. Andererseits haben sie aber auch aus ihrem eigenen Werteverständnis der Menschenwürde heraus ein Interesse, Menschen aus menschenunwürdigen Situationen zu befreien. Der zugrundeliegende Wertekonflikt liegt dabei gar nicht so sehr zwischen Geflüchteten und EU und BRD, sondern eher innerhalb der EU und der BRD selbst. Sie sind einerseits Gemeinschaften, die erst einmal nur ihren Mitgliedern verpflichtet sind, setzen sich aber selbst den Anspruch sich auch um Menschen außerhalb ihrer Gemeinschaft zu kümmern. Die Geflüchteten können genau auf diesen Widerspruch hinweisen und sich dafür einsetzen, den zugrundeliegenden Wert der Menschenwürde zu stärken. Die Menschenwürde stellt hier den Legitimationsstandard für das Aufnahmehandeln der EU und der BRD dar, den die Geflüchteten einfordern können. Aber dabei wäre es auch von ihrer Seite klug, Aufnahme nur für diejenigen zu fordern, die sich in tatsächlich menschenunwürdigen Situationen befinden und denen auch nicht anders als durch Aufnahme geholfen werden kann. Dies ist, so der hiesige Vorschlag, der Zustand des faktischen Ausgeschlossen-Seins aus jedweder menschlichen Gemeinschaft.

[97]Um das tun zu können, wäre zunächst jedoch erst einmal ein Informationsaustausch vonnöten. Die Bereitstellung von Informationen in den Sprachen der Geflüchteten, sowie durchaus auch Informationsfilme, wie sie die Bundespolizei für Geflüchtete aus dem Balkan produziert hat, sind hierzu grundsätzlich tauglich. Allerdings wohl nicht, wenn es darin lediglich um Abschreckung geht. Das Video der Schweiz ist hier deutlich besser. Es erklärt zumindest rudimentär die ethische Problemlage, die sich aus unterschiedlichen Grade an Schutzbedürftigkeit ergibt. Siehe `http://www.spiegel.de/politik/ausland/fluechtlinge-diese-kampagnen-sollen-asylbewerber-abschrecken-a-1046719.html`, zuletzt eingesehen 14.08.2015.

3.3.2 Alternativen

Tatsächlich stellt das Fehlen jedweder Aufnahmepraxis auch für keine Seite eine brauchbare Alternative dar. Für die Geflüchteten ist sie offensichtlich desaströs. Gegen den Willen einer Gemeinschaft können sie zu keiner erträglichen Konditionen Aufnahme finden. Aber auch für EU und BRD stellt dies keinen gangbaren Weg dar. Es gibt wohl kein denkbares Verständnis von Menschenwürde, dem eine völlige Abschottung gegen Geflüchtete nicht widersprechen würde.

Das jetzige System hingegen ist freilich weit von einer Abschottung entfernt. Vor dem Hintergrund der Ethik der Aufnahme ist festzuhalten, dass Menschen aus zahlreichen menschenunwürdigen Situationen aufgenommen werden – insbesondere die des faktischen Ausschlusses bzw. der Nichtanerkennung als vollwertiges Mitglied (politische Verfolgung und Polit-Malus beim Flüchtlingsstatus) und die der Auflösung der Gemeinschaft in einem Bürgerkrieg (subsidiärer Schutz).[98] Auch die Exklusionsgründe erscheinen vor dem Hintergrund der Restriktion der öffentlichen Ordnung in der Regel gerechtfertigt. Aus der Perspektive der Ethik der Annahme sind jedoch einige Punkte zu kritisieren. *Erstens* zeigen die unterschiedlichen Anerkennungsquoten in den EU-Ländern, dass die Kriterien teils sehr unterschiedlich ausgelegt werden.[99] *Zweitens* ist zu fragen, warum nicht Staatenlose allein schon aufgrund ihrer Staatenlosigkeit aufgenommen werden sollten, sondern nur, wenn sie auch verfolgt werden.[100] *Drittens* fehlt ein Aufnahmekriterium, dass auf die Unmöglichkeit in einem Land zu überleben aufgrund von klimatischen Veränderungen reagiert. *Viertens* ist es nicht einsichtig, warum es einen Schutzstatus gibt, der zwar vor Abschiebung schützt, aber keinen rechtlichen Status im aufnehmenden Land nach sich zieht. Weder für den Geflüchteten noch für die aufnehmende

---

[98] Bezüglich einiger Tatbestandsmerkmale der verschiedenen Schutzstatûs – etwa der Aufnahme bei drohender Todesstrafe oder Folter sowie bei den Verfolgungsgründen (subjektive Unverfügbarkeit dieser Gründe) – kann die Ethik der Aufnahme u. U. noch verbessert werden.

[99] Vergleiche etwa die Anerkennungsquoten für Geflüchtete vom Balkan, die 2014 je nach EU-Mitgliedsstaat zwischen 0% und 52% liegen. Hinzu kommen ähnlich enorme Differenzen zwischen den verschiedenen Schutzstatûs. Vgl. EASO Annual Report on the Situation of Asylum in the European Union 2014, S. 50, `https://easo.europa.eu/wp-content/uploads/EASO-Annual-Report-2014.pdf`, zuletzt eingesehen 11.08.2015, 10:50.

[100] Hier mag man bezüglich der größten Gruppe der Staatenlosen, den Palästinensern argumentieren, dass eine eigene Staatsgründung der bessere Weg wäre – insbesondere auch aus Sicht der Palästinenser.

Gemeinschaft kann es von Vorteil sein, wenn Menschen ohne rechtlichen Status in der Gemeinschaft leben. Dies widerspricht sowohl kommunitaristischen als auch liberalen ethischen Kriterien. *Fünftens* muss auch bezüglich der anderen Aufenthaltstitel gefragt werden, ob nicht die Abkehr von der Idee eines vorübergehenden Schutzes hin zu einer schnelleren Einbürgerung wünschenswert wäre. Die Einbürgerung sollte dabei weniger als Belohnung, sondern vielmehr als Voraussetzung einer sinnvollen Integration bzw. Inklusion angesehen werden.[101]

Insbesondere der erste, der dritte und der vierte Punkt erscheinen aus Perspektive des Geflüchteten kaum annehmbar. Die unterschiedlichen Anerkennungsquoten machen seine Aufnahme von der Zufälligkeit des aufnehmenden Landes abhängig, eine fehlende Aufnahme aufgrund von klimatischen Veränderungen lässt ihn in einer Situation, in der sein Überleben unsicher ist[102] und Aufnahme ohne einen rechtlichen Status versetzt ihn in eine Situation, in der er sein Leben im Aufnahmeland nicht sinnvoll gestalten kann. Doch auch aus Perspektive der aufnehmenden Gemeinschaft erscheinen etwa diese Punkte nur schwer erträglich. Der erste führt dazu, dass Länder mit einer höheren Anerkennungsquote im Verhältnis wahrscheinlich mehr Menschen aufnehmen als andere, der dritte belässt Menschen offensichtlich in einer menschenunwürdigen Situation und der vierte führt dazu, dass in ihrer Gemeinschaft Menschen mit signifikant niedrigeren Status existieren, wodurch das Funktionieren der Gemeinschaft untergraben wird.

Tiedemann beschreibt die Entwicklung des Flüchtlings- und Asylrechts als eine Bewegung von Solidarität mit Gleichgesinnten zu menschenrechtlicher Solidarität (Tiedemann 2015: 95). Diese Entwicklung weiterzuverfolgen stellt sowohl für die Geflüchteten als auch für EU und BRD eine bessere Alternative dar, als auf den jetzigen Kriterien zu beharren. Für die Geflüchteten ist dies so, weil sie einerseits auf eine Ausweitung der Aufnahme hoffen können und andererseits der Weg über ‚illegale' Einwanderung jenseits jeglicher Aufnahmekriterien für sie in keinen erstrebenswerten Zustand führt. Für die EU und die BRD ist

[101] Das ist ja bei allen anderen Staatsbürgern auch so. Die jetzige Regelung erscheint mithin als ein möglicher Verstoß gegen den Gleichbehandlungsgrundsatz. Oder besser: Man muss zugeben, dass Staatsbürgerschaft als ein relevantes Kriterium für eine massive Ungleichbehandlung etwa in Bezug auf das Wahlrecht anerkannt ist, das aber in einem deutlichen Spannungsverhältnis zur Menschenwürde steht.

[102] Hier greift insbesondere auch das Argument des gefährlichen Vorverhaltens (Ingerenz): Wenn auch fahrlässig haben die reicheren Ländern freilich durch ihre Wirtschaftsweise klimatische Veränderungen hervorgerufen.

dies so, weil sie einerseits den grundlegenden Wert der Menschenwürde besser zum Ausdruck bringen können, und sich andererseits durch gerechtere Kriterien einen weniger von Grenzsicherung, Überwachung und Abschiebung geprägten Umgang mit Geflüchteten erhoffen können.

3.3.3 Optionen und Möglichkeiten

Wenn es nun für beide Seiten von Vorteil wäre, die bestehende Aufnahmepolitik zu verbessern, fragt sich zuletzt, wie dies umzusetzen wäre und ob eine solche Umsetzung im Rahmen des Möglichen liegt. Gewirth spricht sich für eine Verankerung von bestimmten Rechten in der Verfassung aus, so dass diese durch demokratische Wahl nicht mehr beschränkt werden können. Während ökonomische Rechte zumindest bezüglich der Frage ihrer Umsetzung demokratischen Entscheidungen unterliegen könnten, sollte das bei demokratischen Rechten nicht der Fall sein (Gewirth 1996: 326). Auf diese Weise ist in der BRD etwa auch die Menschenwürde von demokratischen Entscheidungen abgekoppelt. Das ändert jedoch nichts daran, dass es zunächst einen grundlegenden Akt der Anerkennung von solchen Prinzipien geben muss, bevor sie so verankert werden können. Dass es hierfür für die EU und die BRD gute Gründe gibt, wurde bereits erläutert. Eine Verankerung in der Verfassung bzw. den Europäischen Verträgen wäre in der Tat der beste Weg, dies umzusetzen. Es gibt jedoch – wie bereits ausführlich gezeigt (1.5) – keinen Mechanismus, der so eine Umsetzung nahelegen würde. Da Geflüchtete nicht an den Entscheidungen einer Gemeinschaft teilnehmen können, müssen sie darauf hoffen, dass die Mitglieder der Gemeinschaft diese Entscheidung treffen. Es wäre jedoch eine trotz guter Gründe stark altruistische Entscheidung. Auch eine internationale Vereinbarung wäre zwar wünschenswert, aber umso höherrangig die erforderliche Einigung, desto unwahrscheinlicher wird sie. Es spricht jedoch nichts dagegen, die Aufnahme auch auf nationaler oder europäischer Ebene zu regeln, solange die jeweiligen Gemeinschaften eine Begrenzung im Sinne der Restriktion der öffentlichen Ordnung vorsehen.[103]

Das führt zu der Frage der ethischen Überforderung, der Möglichkeit der Umsetzung einer an der Ethik der Aufnahme orientierten Auf-

[103] Es ließe sich höchstens argumentieren, dass so Verhandlungsmasse bezüglich einer Regelung auf höherem Level verloren ginge. Dies erscheint jedoch keine gute Begründung für eine Verweigerung der Aufnahme Geflüchteter.

nahmepolitik. Diese Frage ist in Kürze kaum seriös zu beantworten. Ich möchte aber wenigstens drei Anhaltspunkte aufzeigen, die auf den Umfang einer adäquaten Aufnahmepolitik hinweisen.

Erstens ließe sich die Frage der Aufnahme aus einer globalen Gerechtigkeitsperspektive betrachten. Die Verteilung von Geflüchteten unter den Bundesländern der BRD richtet sich nach dem Königssteiner Schlüssel. Kriterien sind hier Bevölkerungszahl und Steuereinnahmen.[104] Unterstellt man für alle Staaten der Welt eine Aufnahmeverpflichtung, dann lässt sich nach ähnlichen Kriterien – Bevölkerungszahl und Bruttoinlandsprodukt – der Umfang von Menschen angeben, die die BRD und die EU aufnehmen sollten. Bei einer Weltbevölkerung von 7,2 Milliarden Menschen und einer Bevölkerung der EU von 0,5 Milliarden Menschen und der BRD von 0,08 Milliarden Menschen ergibt sich für die EU ein Anteil von etwa 7% und für die BRD ein Anteil von etwa 1,1% an der Aufnahme aller Geflüchteter. Läge man das Bruttoinlandsprodukt, das 2014 für die Welt 77,9 Billionen US-Dollar, für die EU 13,4 Billionen US-Dollar und für die BRD 3,9 Billionen US-Dollar beträgt, käme man zu einem Anteil von etwa 17% für die EU und etwa 5% für die BRD. Nach Schätzungen von UNHCR gibt es weltweit 59,5 Millionen Geflüchtete (forcibly displaced people). Dann müsste die EU 4-10 Millionen Geflüchtete, die BRD 650.000-3 Millionen Geflüchtete je nach Verhältnis der beiden Kriterien aufnehmen.[105] Eine solche Zahl stellt – über einen längeren Zeitraum gedacht – nicht unbedingt eine Überforderung dar. Außerdem ist die Beweislast eher andersherum zu fassen: Wenn die Aufnahme ethisch geboten ist, dann sollte die Last der Begründung nicht dahingehend verteilt sein, dass zu begründen ist, warum die Aufnahme möglich ist, sondern doch vielmehr dahingehend, dass zu begründen ist, warum denn nicht. Bei einer ausgeweiteten Aufnahmepraxis ist auch nicht damit zu rechnen, dass die

[104] BAMF: `http://www.bamf.de/DE/Migration/AsylFluechtlinge/Asylverfahren/Verteilung/verteilung-node.html`, zuletzt eingesehen am 09.08.2015, 18:50.

[105] Daten zur Bevölkerung: `http://data.worldbank.org/indicator/SP.POP.TOTL/countries?display=default`, zuletzt eingesehen 17.08.2015, 09:07; Daten zum Bruttoinlandsprodukt: `http://databank.worldbank.org/data/download/GDP.pdf`, zuletzt eingesehen 17.08.2015, 08:55, Zahl der Geflüchteten weltweit: `http://www.unhcr.org/556725e69.html`, zuletzt eingesehen 17.08.2015, 09:12. Diese Rechnung ist zweifelsohne nicht valide, insbesondere weil je nach gewähltem Kriterium die Anzahl der aufzunehmenden Geflüchteten sehr unterschiedlich sein kann. UNHCR hat hier eigenen Kriterien, die sich an der Genfer Flüchtlingskonvention orientieren, der subsidiäre Schutz der EU spielt hier wiederum keine Rolle. Das hier vertretenen Kriterium des faktischen Ausgeschlossen-Seins ist wiederum ein anderes.

Zahl der Geflüchteten auf dem Weg nach Europa sich dadurch vergrößert. Tatsächlich verbleiben die meisten Geflüchteten so oder so in der Nähe ihres Herkunftslandes.[106]

Ein zweiter Anhaltspunkt ergibt sich aus der Restriktion der öffentlichen Ordnung im Sinne des Erhalts einer politischen Kultur. Hier kann auf das demokratische System geschaut werden. In der BRD ist auf Bundesebene an die 5% Hürde zu denken, in der EU an die 3% Hürde für das Europaparlament.

Drittens befindet sich die BRD darüber hinaus in einer besonderen Situation. Deutschland ist eines der wenigen Länder weltweit, in dem die Bevölkerungszahl sinkt. Bis 2050 wird nach Schätzung des Statistischen Bundesamtes bei niedriger Einwanderung (100000 Saldo pro Jahr) die Bevölkerung auf 71,9 Millionen und bei hoher Einwanderung (200000 Saldo pro Jahr) die Bevölkerung um auf 76,1 Millionen schrumpfen.[107] Die Differenz von etwa 8 bzw. 4 Millionen Menschen könnte ein Wert für bis 2050 aufnehmbare Geflüchtete angeben. Auch befindet sich die Bevölkerung der BRD in einem Alterungsprozess. Die Aufnahme junger Menschen erscheint grundsätzlich dazu geeignet, diesem Problem Abhilfe zu schaffen.[108]

Es erscheint insgesamt also durchaus möglich, Einwanderung in einem recht umfangreichen Maße zu ermöglichen, die dennoch sowohl für Geflüchtete als auch für die BRD und die EU von Vorteil sein können. Bei dieser Aufnahmepolitik sollte die Grenze zwischen Aufnahme aufgrund von Notsituationen und der aufgrund von eigenem Nutzen nicht

[106] Von den hier genannten 59,5 Millionen Geflüchteten weltweit sind 38,2 Millionen sog. displaced persons, also innerhalb ihres Landes Vertriebene, 14,4 Millionen sind Flüchtlinge unter dem Mandat von UNHCR und 5,1 Millionen sind Palästinenser unter dem Mandat von UNRWA. Nur 1,8 Millionen sind tatsächlich gerade Asylsuchende. Freilich werden aus der Gesamtmenge stewts neue Asylsuchende entstehen. Siehe `http://www.unhcr.org/556725e69.html`, zuletzt eingesehen 17.08.2015, 09:15.

[107] Statistisches Bundeamt: `https://www.destatis.de/DE/ZahlenFakten/GesellschaftStaat/Bevoelkerung/Bevoelkerungsvorausberechnung/Tabellen/AltersgruppenBis2060.html`, zuletzt eingesehen 09.08.2015, 18:45.

[108] Die Auswirkung der ausländischen Bevölkerung und der bisherigen Einbürgerung auf die Altersstruktur der Bevölkerung der BRD ist hier gut abzuschätzen: Statistisches Bundesamt, Fachserie 1 Reihe 2.1, Bevölkerung und Erwerbstätigkeit – Einbürgerungen 2014, S. 15, `https://www.destatis.de/DE/Publikationen/Thematisch/Bevoelkerung/MigrationIntegration/Einbuergerungen2010210147004.pdf?__blob=publicationFile`, zuletzt eingesehen 11.08.2015, 14:36. Tatsächlich ist die ausländische und noch mehr die eingebürgerte deutlich jünger als die deutsche Bevölkerung.

scharf gezogen, sondern flexibel gehandhabt werden. Ein neuer Bürger, der sowohl aus einer Notsituation aufgenommen wurde als auch etwa eine hohe berufliche Qualifikation mitbringt, sollte aus Perspektive der aufnehmenden Gemeinschaft in erster Linie als Bereicherung wahrgenommen werden.[109]

[109]Und dementsprechend auch als Einwanderung unter dem Kriterium Nutzen behandelt werden, insoweit es hierfür gesonderte Einwanderungsmöglichkeiten gibt, wie dies in der BRD und der EU momentan der Fall ist.

Schluss

Im Ergebnis ist festzuhalten, dass die Situation, in der sich insbesondere Deutschland aber auch die EU befindet, als Chance betrachtet werden kann. Während auf der einen Seite eine steigende Zahl von Geflüchteten steht, treffen diese auf der anderen Seite auf zwei politische Gemeinschaften, die sich beide der Menschenwürde verpflichtet haben und somit auch der menschenwürdigen Behandlung von Menschen außerhalb ihrer Gemeinschaft. Im Fall der Ausgeschlossenen kann diese Behandlung am besten über deren Aufnahme realisiert werden (Zugehörigkeitsgerechtigkeit), während im Falle von Armut andere Hilfen möglich sind (Verteilungsgerechtigkeit).

Zwar erscheint die Umsetzung der Ethik der Aufnahme aus hier dargelegten Gründen (1.5) nicht unbedingt wahrscheinlich, dennoch konnten zumindest einige Gründe angeführt werden, warum dies sowohl für die Geflüchteten als auch für die konkreten Gemeinschaften von Vorteil wäre. Dies gilt einerseits auf einer theoretischen Ebene. Hier füllt die Ethik der Aufnahme die Lücke zwischen den Werten der ethischen Weltgemeinschaft und konkreten Gemeinschaft. Dies hat den Vorteil, dass Apologeten sowohl der universellen Menschenrechte als auch des Nationalstaates so ihre Prinzipien umsetzen können, ohne diese gegenüber der anderen Seite aufgeben zu müssen. Diese Prinzipien können gar bis zu einem weitreichenden Grad miteinander versöhnt werden (2.4). Andererseits gilt dies aber auch auf einer praktischen Ebene. Die aufnehmenden Gemeinschaften – hier EU und BRD – können sich einerseits ihren eigenen Werten entsprechend verhalten und andererseits unter bestimmten Umständen gar Nutzen aus weiterer Einwanderung ziehen. Die Geflüchteten können auf tendenziell mehr Aufnahme und gerechtere und einsichtigere Aufnahmekriterien hoffen.

Irgendeine Form von Differenzierung wird jedoch weiterhin nötig sein. Zum einen benötigen nicht alle Geflüchteten tatsächlich Hilfe in

Form einer Aufnahme[110], zum anderen kann eine Gemeinschaft keine beliebig große Zahl an Ausgeschlossenen aufnehmen. Für Khalid und Luan bedeutet das, dass sie – und das ist das Ziel des hier erarbeiteten Vorschlags – eine faire Chance für ihr Leben bekommen sollten. Dass Khalids Aufnahme nach momentan geltendem Recht nahezu sicher ist, ist erst seit Einführung des subsidiären Schutzes durch die EU 2004 so. Luans Aufnahme könnte – insoweit er und seine Familie in Albanien tatsächlich wie Ausgeschlossene behandelt werden – auch in der Zukunft selbstverständlich werden.

[110]Womit keinesfalls gesagt sein soll, dass sie überhaupt keine Hilfe brauchen. Vielmehr ist – wie bereits deutlich gemacht – anzunehmen, dass jeder Geflüchtete aus einer gewissen Notsituation heraus flieht, jedoch Hilfe in einigen Fällen besser anders zu erfolgen hat bzw. zumindest anders erfolgen kann (siehe 2.3).

Anhang

Anzeichen des Lagers / Staatsrandes in Europa

Stand 12.11.2015

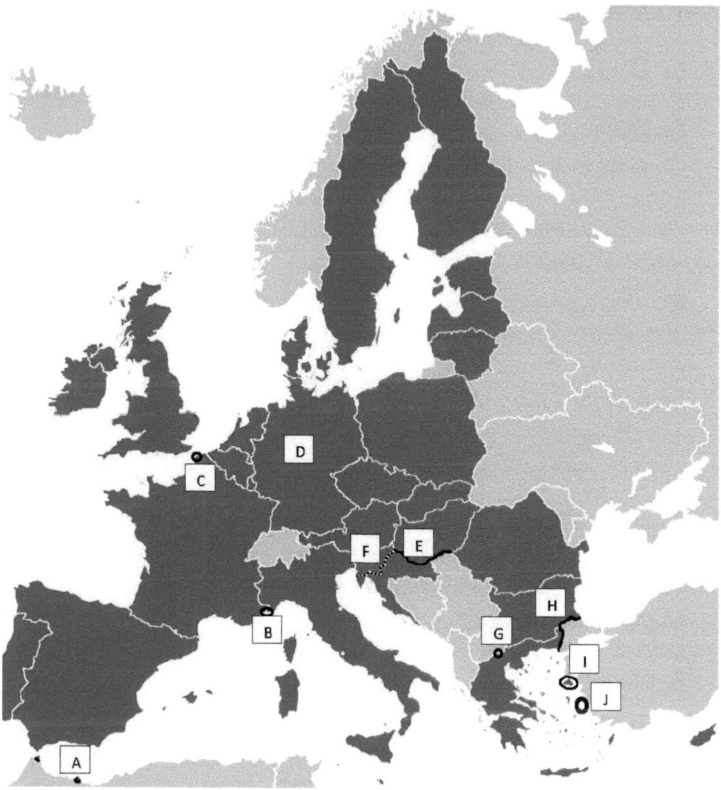

A: Grenzanlagen um die spanischen Exklaven Ceuta und Melilla. Hier versuchen 30000 Geflüchtete auf europäisches Territorium zu gelangen, oft mit massiven Anstürmen auf die Grenzanlagen von mehreren hundert Menschen (Berich vom 17.02.2014, `http://www.zeit.de/gesellschaft/zeitgeschehen/2014-02/fluechtlinge-marokko-spanien-ceuta-melilla`, zuletzt eingesehen 08.08.2015, 00:02).

B: Frankreich hindert an der Grenze zu Italien bei Menton/Ventimiglia Geflüchtete mittels Polizei an der Einreise (SZ 15. Juni 2015, Nr. 134, S. 6).

C: Im französischen Calais warten über 3000 Geflüchtete auf eine Gelegenheit durch den Eurotunnel nach Großbritannien zu kommen. Polizei und Sicherheitskräfte versuchen sie zu hindern (SZ 1./2. August 2015, Nr. 175, S. 6).

D: In Deutschland wurden im Jahr 2014 128.290 Menschen ohne Papiere oder Aufenthaltsstatus von Behörden erfasst. Die tatsächliche Zahl von ‚illegal' in Deutschland und der EU Lebenden ist nicht feststellbar (European Parliamentary Research Service: `http://www.europarl.europa.eu/RegData/etudes/BRIE/2015/554202/EPRS_BRI\%282015\%29554202_EN.pdf`, zuletzt eingesehen 17.08.2015, 10:09).

Bis vor Kurzem wurde in Deutschland die Idee von Transitzonen diskutiert. Diese sollen explizit extraterritoriale Bereiche darstellen, in denen damit auch explizit andere Rechtsverhältnisse herrschen (Bericht vom 05.11.2015, `http://www.zeit.de/politik/deutschland/2015-11/transitzonen-koalition-kanzleramt-asyl`, zuletzt eingesehen am 12.11.2915, 21:54).

E: Ungarn hat an der Grenze zu Serbien einen Grenzzaun von 175 km Länge und vier Monate später auch zu Kroatien von etwa 300 km Länge errichtet (Bericht vom 17.10.2015, `https://www.tagesschau.de/ausland/ungarn-grenze-kroatien-103.html`, zuletzt eingesehen 09.11.2015, 14:11, SZ 18. Juni 2015, Nr. 137, S. 6).

F: Auch Slowenien hat offenbar mit dem Bau einer Grenzanlage zu Kroatien begonnen. Genauer Umfang ist bisher unklar. Möglicherweise könnte auch Österreich mit dem Bau von Zäunen beginnen. (Bericht vom 11.11.2015, `http://www.tagesschau.de/ausland/fluechtlinge-slowenien-kroatien-grenzzaun-101.html`, zuletzt eingesehen 12.11.2015, 21:42).

G: In der Nähe der griechischen Kleinstadt Idomeni leben in einem Grenzstreifen zwischen Griechenland und Mazedonien stets übergangsweise 800-1000 Geflüchtete (Bericht vom 23.07.2015, `http://www.tagesschau.de/ausland/griechenland-fluechtlinge-117.html`, zuletzt eingesehen 07.08.2015, 23:45). In der Tat ist dies ein Paradebeispiel für das Lager, das Agamben beschreibt. Hier im Grenzland unterfallen die Flüchtlinge weder dem griechischen noch der mazedonischen Recht.

H: Bulgarien erreichtet einen Grenzzaun von 163 km Länge zur Türkei (SZ 25./26. Juli 2015, Nr. 169, S. 2). Griechenland hat bereits 2011 einen Wassergraben errichtet, der die Überquerung der Grenze zur Türkei erschwert (Bericht vom 07.08.2011, `http://www.welt.de/politik/ausland/article13531343/Wassergraben-soll-Einwanderer-fern-halten.html`, zuletzt eingesehen 07.08.2015, 23:52).

I: Vor dem Ersten der sog. Hotspots der EU für die Registrierung von Geflüchteten bei dem Dorf Moria auf Lesbos warten Geflüchtete mehrere Tage auf ihre Registrierung. Während des Wartens bleiben sie sich selbst überlassen, es gibt keine medizinische Versorgung, keine Zelte und die Polizei greift bei Gewalt unter den Geflüchteten nur begrenzt ein (Bericht vom 24.10.2015, `https://www.tagesschau.de/ausland/lesbos-fluechtlinge-101.html`, zuletzt eingesehen 12.11.2015, 22:00).

J: Auf der griechischen Insel Kos sperrt die Polizei ankommende Geflüchtete in ein Stadion, um sie dort zu registrieren. Als die Geflüchteten versuchen es zu verlassen, setzt die Polizei Schlagstöcke und einen Feuerlöscher ein (Bericht vom 11.08.2015, `http://www.tagesschau.de/ausland/fluechtlinge-555.html`, zuletzt eingesehen 11.08.2015, 20:32).

Literaturverzeichnis

Agamben, G. (2006). *Mittel ohne Zweck: Noten zur Politik.* (S. Schulz, Hrsg.) (2. Aufl.). Zürich [u.a.]: Diaphanes-Verl.

Agamben, G. (2007). *Homo sacer - Die souveräne Macht und das nackte Leben.* (H. Thüring, Hrsg.) (1. Aufl.). Frankfurt am Main: Suhrkamp.

Arendt, H. (1949). Es gibt nur ein einziges Menschenrecht. *Die Wandlung <Heidelberg, 4*(II), 754-770.

Arendt, H. (1993). *Elemente und Ursprünge totaler Herrschaft: I. Antisemitismus. II. Imperialismus. III. Totale Herrschaft* (3. Aufl.). München [u.a.]: Piper.

Benhabib, S. (2009). *Die Rechte der Anderen: Ausländer, Migranten, Bürger* (Lizenzausg.). Bonn: Bundeszentrale für Politische Bildung.

Brendel, E. (2010a). Antinomie. In H. J. Sandkühler (Hrsg.), *Enzyklopädie Philosophie: in drei Bänden mit einer CD-ROM* (2., überarb. und erw. Aufl., S. 128-132). Hamburg: Meiner.

Brendel, E. (2010b). Aporie. In H. J. Sandkühler (Hrsg.), *Enzyklopädie Philosophie: in drei Bänden mit einer CD-ROM* (2., überarb. und erw. Aufl., S. 136-137). Hamburg: Meiner.

Carens, J. H. (2012). Fremde und Bürger: Weshalb Grenzen offen sein sollten. In A. Cassee & A. Goppel (Hrsg.), *Migration und Ethik* (S. 23-46). Münster: Mentis.

Cheneval, F. & Rochel, J. (2012). Rimessen, Personenfreizügigkeit und globale Gerechtigkeit. In A. Cassee & A. Goppel (Hrsg.), *Migration und Ethik* (S. 169-184). Münster: Mentis.

Forester, J. (2008). Dealing with Deep Value Differences. In L. E. Susskind & L. Crump (Hrsg.), *Multiparty Negotiation Volume 2: Theory and Practise of Public Dispute Resolution* (S. 224-244). Los Angeles [u.a.].

Gewirth, A. (1996). *The community of rights.* Chicago [u.a.]: Univ. of Chicago Press.

Gewirth, A. (1998). The Justificatory Argument for Human Rights. In J. P. Sterba (Hrsg.), *Ethics. The big questions.* (S. 93-99).

Habermas, J. (1992). *Faktizität und Geltung: Beiträge zur Diskurstheorie des Rechts und des demokratischen Rechtsstaats* (2. Aufl.). Frankfurt am Main: Suhrkamp.

Habermas, J. (1997). *Die Einbeziehung des Anderen: Studien zur politischen Theorie* (2. Aufl.). Frankfurt am Main: Suhrkamp.

Herzog, R., Herdegen, M., Schulz, R. & Klein, H.H (Hrsg.). (2015). *Grundgesetz Kommentar Maunz/Dürig.* München: C.H.Beck.

Hobbes, T. (2012). *Leviathan: erster und zweiter Teil* (Nachdr.). Stuttgart: Reclam.

Jakobeit, C., & Methmann, C. (2012). „Climate Refugees" as Dawning Catastrophe? A Critique of the Dominant Quest for Numbers. In J. Scheffran (Hrsg.), *Climate change, human security and violent conflict: challenges for societal stability* (S. 301-314). Heidelberg; New York: Springer Verlag.

Kannetzky, F. (2010). Paradox/Paradoxie. In H. J. Sandkühler (Hrsg.), *Enzyklopädie Philosophie: in drei Bänden mit einer CD-ROM* (2., überarb. und erw. Aufl., S. 1899-1908). Hamburg: Meiner.

Kant, I. (2011). *Zum ewigen Frieden und Auszüge aus der Rechtslehre.* (O. Eberl & P. Niesen, Hrsg.). Berlin: Suhrkamp.

Knoepffler, N. (2010). *Angewandte Ethik: ein systematischer Leitfaden.* Köln [u.a.]: Böhlau.

Ladwig. (2012). Offene Grenzen als Gebot der Gerechtigkeit? In A. Cassee & A. Goppel (Hrsg.), *Migration und Ethik* (S. 67-88). Münster: Mentis.

Lakitsch, M. (2013). *Unbehagen im modernen Staat: über die Grundlagen staatlicher Gewalt.* Bielefeld: Transcript.

Lesch, W. (1999). Migrationspolitik und Staatsbürgerschaftsregelungen: Aspekte einer Ethik der Integration. *Ethica: Wissenschaft und Verantwortung*, 281-306.

Miller, D. (1999). *On nationality* (Repr.). Oxford [u.a.]: Oxford Univ. Press.

Miller, D. (2012). Einwanderung: Das Argument für Beschränkungen. In A. Cassee & A. Goppel (Hrsg.), *Migration und Ethik* (S. 47-65). Münster: Mentis.

Mona, M. (2012). Recht auf Einwanderung oder Recht auf politisch-kulturelle Selbstbestimmung? – Zur kommunitarischen Kritik an einer liberalen Migrationspolitik. In A. Cassee & A. Goppel (Hrsg.), *Migration und Ethik* (S. 147-168). Münster: Mentis.

Nussbaum, M. C. (2010). *Die Grenzen der Gerechtigkeit: Behinderung, Nationalität und Spezieszugehörigkeit.* (R. Celikates, Hrsg.) (1. Aufl.). Berlin: Suhrkamp.

O'Malley, M. (2011). A Performative Definition of Human Dignity. In N. Knoepffler, P. Kunzmann, & M. O'Malley (Hrsg.), *Facetten der Menschenwürde* (Orig.-Ausg, S. 75-101). Freiburg: Alber.

O'Malley, M. (2013). Value Ethics: A Meta-Ethical Framework for emerging sciences in pluralistic contexts. In C. Baumbach-Knopf, J. Achatz, & N. Knoepffler (Hrsg.), *Facetten der Ethik* (Bd. 15, S. 71-90).

Pätzold, D. (2010). Gegensatz/Widerspruch. In H. J. Sandkühler (Hrsg.), *Enzyklopädie Philosophie: in drei Bänden mit einer CD-ROM* (2., überarb. und erw. Aufl., S. 767-777). Hamburg: Meiner.

Pogge, T. W. (1991). *Realizing Rawls* ([Nachdr.].). Ithaca: Cornell Univ. Press.

Pogge, T. (2002). Migration und Armut. In A. Märker & S. Schlothfeldt (Hrsg.), *Was schulden wir Flüchtlingen und Migranten?: Grundlagen einer gerechten Zuwanderungspolitik* (1. Aufl, S. 110-126). Wiesbaden: Westdeutscher Verlag.

Rethmann, A.-P. (2010). Globale Gerechtigkeit und staatliche Souveränität. In M. Becka & A.-P. Rethmann (Hrsg.), *Ethik und Migration: gesellschaftliche Herausforderungen und sozialethische Reflexion* (S. 126-138). Paderborn [u.a.]: Schöningh.

Schaber, P. (2012). Das Recht auf Einwanderung: Ein Recht worauf? In A. Cassee & A. Goppel (Hrsg.), *Migration und Ethik* (S. 185-195). Münster: Mentis.

Schlothfeldt, S. (2012). Dürfen Notleidende an den Grenzen wohlhabender Länder abgewiesen werden? In A. Cassee & A. Goppel (Hrsg.), *Migration und Ethik* (S. 199-209). Münster: Mentis.

Schmitt, C. (1928). *Verfassungslehre.* München [u.a.]: Duncker & Humblot.

Schmitt, C. (1979). *Der Begriff des Politischen: Text von 1932 mit einem Vorwort und drei Corollarien* (3. Aufl.). Berlin: Duncker & Humblot.

Schmitt, C. (1993). *Politische Theologie – Vier Kapitel zur Lehre von der Souveränität* (6. Aufl.). Berlin: Duncker & Humblot.

Singer, P. (2010). *Praktische Ethik* (2., rev. und erw. Aufl., [Nachdr.]). Stuttgart: Reclam.

Susskind, L. E., & Field, P. (2008). When Values Collide? In L. E. Susskind & Crump (Hrsg.), *Multiparty Negotiation Volume 2: Theory and Practise of Public Dispute Resolution* (S. 190-223). Los Angeles [u.a.].

Tiedemann, P. (2015). *Flüchtlingsrecht: die materiellen und verfahrensrechtlichen Grundlagen*. Heidelberg [u.a.]: Springer.

Walzer, M. (2006). *Sphären der Gerechtigkeit: ein Plädoyer für Pluralität und Gleichheit.* (H. Herkommer, Hrsg.) (Neuaufl.). Frankfurt/Main [u.a.]: Campus-Verl.

Studien und Materialien zur praktischen Philosophie
Studies and Materials on Practical Philosophy

Herausgegeben von
Professor Dr. mult. Nikolaus Knoepffler
und Dipl.-Jur. Sebastian C. Dewaldt

Bereits erschienen:

Band 1:
Nikolaus Knoepffler / Wolfgang Lienemann / Johannes Seidel, Verantwortungsvoller Umgang mit Embryonen, 2014,
102 Seiten, Preis: 19,99 €, ISBN 978-3-944420-19-6

Band 2:
Friedrich Gabel, Chancen und Probleme moderner Biotechnologie. Forschungsbericht über Biomarkerbasierte klinische Studien, 2014,
147 Seiten, Preis: 19,99 €, ISBN 978-3-944420-24-0

Band 3:
Christoph Steinhauser / Andreas Schmid / Steffen Schmidt, Ökonomie und Gerechtigkeit im Gesundheitswesen, 2015,
127 Seiten, Preis: 19,99 €, ISBN 978-3-944420-28-8

Band 4:
Anna Pröhle, Organspende und Journalisten. Einstellungen und Kenntnisstand in Deutschland tätiger Publizisten zu Hirntod und ausgewählten Aspekten der postmortalen Organgabe. Eine deskriptiv-medizinethische Untersuchung, 2015,
260 Seiten, Preis: 24,99 €, ISBN 978-3-944420-34-9

Band 5:
Eva Maria Ashby, Todeskriterium und Organspenderegelung, 2015,
119 Seiten, Preis: 19,99 €, ISBN 978-3-944420-36-3